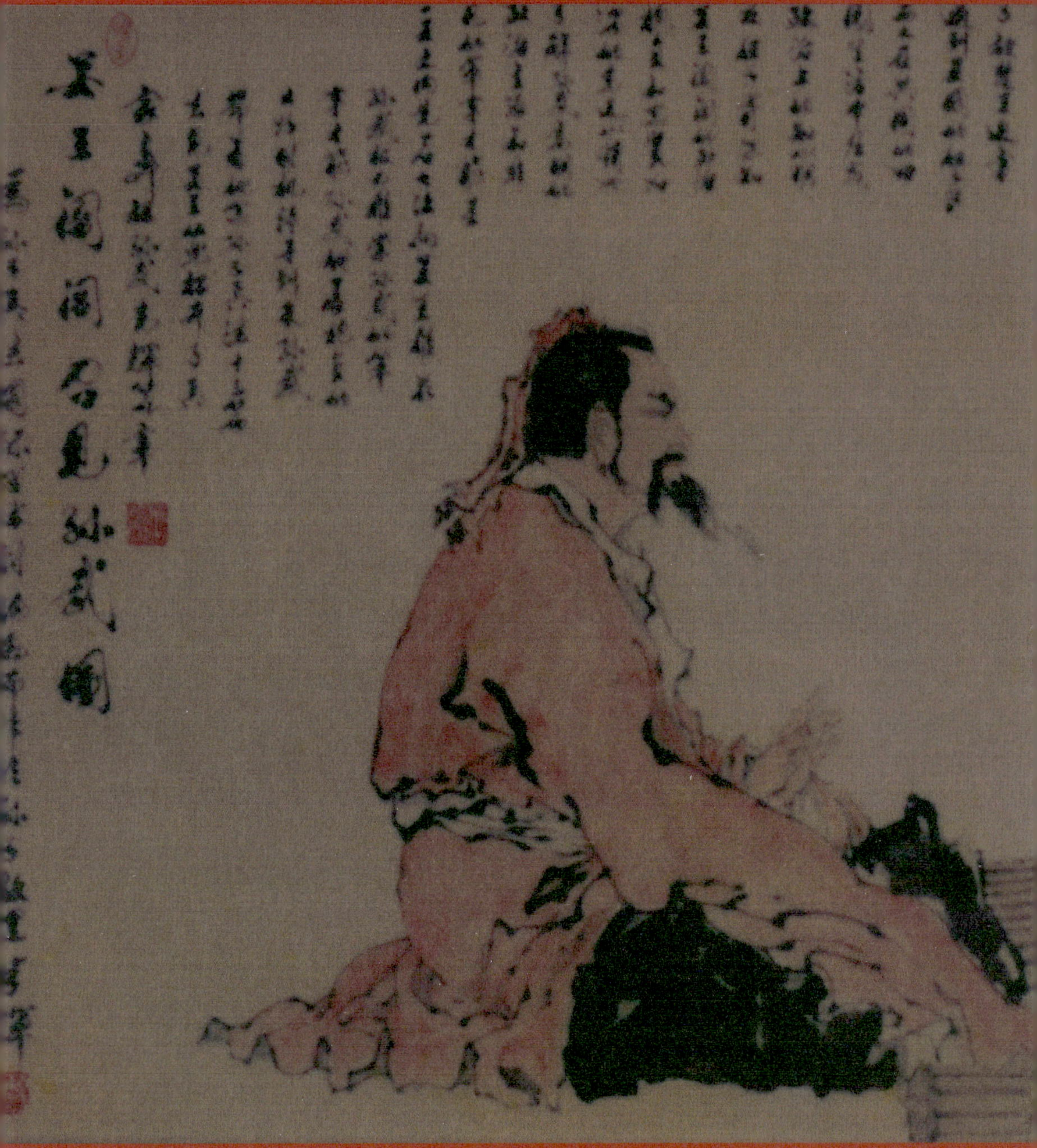

中国传世人物丛书

图说孙子

主　编　赵海军
副主编　孙远方　孙　兵　　山东友谊出版社

序　言

第一章　兵圣遗迹

孙武其人其事其书 …………………………………… 2

孙武家世的来龙去脉 ………………………………… 6

避内乱出奔吴国 ……………………………………… 9

隐居穹窿山 …………………………………………… 11

伍员七荐 ……………………………………………… 14

吴王问计 ……………………………………………… 16

吴宫教战 ……………………………………………… 21

斩断羽翼　三师疲楚 ………………………………… 23

西破强楚 ……………………………………………… 26

兴师伐越 ……………………………………………… 29

北上争霸　威慑齐晋 ………………………………… 32

飘然高隐 ……………………………………………… 34

孙子故里考证 ………………………………………… 35

第二章　兵学奥秘

知胜有道 ……………………………………………… 41

慎战与备战 …………………………………………… 44

兵以诈立 ……………………………………………… 46

知的智慧 ……………………………………………… 50

力的艺术 ……………………………………………… 53

势险节短 ……………………………………………… 55

胜于易胜·······························58

用兵至境·······························60

攻虚击弱·······························62

奇正相生·······························65

兵贵神速·······························67

灵活用兵·······························69

将帅素质·······························71

令文齐武·······························73

杂于利害·······························75

第三章 《孙子兵法》的思维特色

理智性·······························80

科学性·······························85

整体性·······························88

辨证性·······························91

动态性·······························94

比附性·······························98

跳跃性·······························99

逆向性·······························101

第四章 《孙子兵法》在中国战争史上的地位和运用

武经之首·······························104

战争圭臬 ………………………………………115

浴火重生 ………………………………………124

再现辉煌 ………………………………………128

孙子兵法热潮 …………………………………138

第五章 《孙子兵法》在非军事领域的应用

商战如兵战——《孙子兵法》与商业 …………144

　　一、《孙子兵法》在商业领域应用的初始………145

　　二、《孙子兵法》在商业领域应用的复兴………147

　　三、兵战与商战的共通性 ……………………152

　　四、《孙子兵法》在商战中应用的误区 …………153

　　五、《孙子兵法》在商业领域应用的前景………156

"用药如用兵"——《孙子兵法》与中医学 ………156

　　一、管窥古代医学中的兵法应用 ………………157

　　二、兵医相通的机理 …………………………160

　　三、用兵与治病在指导思想和基本原则上的统

　　　　一性 ………………………………………162

"拳、兵同源"——《孙子兵法》与武术 …………167

　　一、《孙子兵法》与武术的历史渊源 ……………167

　　二、《孙子兵法》对武术实战技能和战术运用的

　　　　启示 ………………………………………171

　　三、《孙子兵法》对武术总体指导思想的启示…175

四、《孙子兵法》与武术在高端境界的统一……177

兵家善弈——《孙子兵法》与弈棋……180

一、兵、棋渊源……180

二、《孙子兵法》对弈棋的影响……182

三、兵家善弈……185

四、兵、棋同理……186

第六章 《孙子兵法》的世界影响

《孙子兵法》在亚洲……190

一、风靡东瀛……190

二、流传朝鲜半岛……197

三、流传马来西亚……199

四、流传亚洲其他国家……200

《孙子兵法》在欧洲……201

《孙子兵法》在美洲……204

西方的反思……208

军校教材……213

孙子的"核战略"……215

海湾战争中的"中国人"……220

再版说明……224

吴如嵩近影

《图说孙子》是近些年来介绍孙子的一本难得一见的好书：深刻准确的理论阐述，清新雅致的文字表达，条理井然的谋篇布局，精彩靓丽的插页图片，这一切构成了此书独特的艺术风格，读来着实招人喜欢。

全书共选取图片300余幅，军事人物、战争战例、兵书书影、武器装备、实景照片，可谓应有尽有，并配以精美的说明文字，以一种生动、活泼的形式，使读者在轻松的阅读过程中把握《孙子兵法》的思想精华，追寻兵学发展的历史轨迹，了解学术研究的现状和未来。可以说，这是一次将学术性与艺术性完美结合的新的尝试；在我看来，也是一次成功的尝试。无论你是兵法研究的专家、学者，还是普通的军事爱好者，都不难在阅读该书的过程中得到收益。

这不能不首先归功于它的主编赵海军同志。赵海军从事古兵法研究十余年，是军事科学院毕业的专攻古代军事思想的军事学博士，他的博士论文《孙子学通论》被评为优秀论文，收入国防大学出版社出版的"军事学博士文库"。《孙子学通论》围绕孙子学的渊源、流变、兵学体系、与传统兵学和传统文化的关系等诸方面的内容，对孙子学进行了多侧面、多角

序言

吴如嵩教授和他的学生赵海军博士

度的透视，构建了学界第一个孙子学的基本体系框架，并对这一框架作了多层面的分析、论证。可以说，这是一次将孙子研究置于兵学发展的历史长河中、置于传统文化的大背景下、置于中西军事文化对撞之间的成功的尝试。由赵博士来驾驭此书，便显得游刃有余，这是该书重要的学术保障。还要看到，滨州学院孙子研究院孙远方副院长与惠民县孙子文化研究院孙兵副院长同为此书的副主编，他们三人联袂编撰此书，更是珠联璧合。从图片的遴选，资料的损益，史实的考辨，文字的斟酌等各个方面，都可以清楚地看出，此书正是他们优势互补的结晶。

书成付梓之际，邀我作序，却之不恭，故欣然从命。

是为序。

吴如嵩

2008 年 3 月 7 日于北京寓所

第一章

兵圣遗迹

孙武其人其事其书

孙武是我国古代杰出的军事家和军事理论家，被誉为"兵圣""兵学鼻祖"，所著《孙子兵法》，作为中国古代最早、最伟大的兵学经典，在宋代就被列为《武经七书》（也就是军事学最神圣的七部兵书，简称《七书》，尊为《武经》）之首，是中国古典军事文化遗产中的璀璨瑰宝，享有"兵经""百世兵家之师""世界古代第一兵书"的盛誉。孙武被世人尊称为孙子、孙武子、吴孙子。孙武字长卿，是春秋末期齐国人。活动年代大约与孔子同时，至于生卒年月，已不可详考。由于史料缺乏，有关孙武的身世及著作的真伪曾长期笼罩着重重的迷雾。在展现《孙子兵法》思想智慧之前，让我们先了解一下近千年来关于孙武其人及其著作的争论。

关于孙武其人其书，从战国、秦汉直至隋唐，无人置疑。先秦时期的典籍《荀子》《韩非子》当中提到过孙武其人。关于孙武的生平事迹和所著《孙子兵法》的记载，最早见于《史记·孙子吴起列传》，但语焉不

清·孙星衍《吴将孙子像》碑

此碑刻于清嘉庆十一年（1806年）。原置苏州市虎丘山孙武子祠内，1860年祠毁后散佚。1985年吴县文管会征集收藏，后移至孙武苑。

详。成书于东汉初年的《越绝书》《吴越春秋》则有了较多的关于孙武事迹和著作的记述。《史记》中还明确提到过孙武的后代——孙膑有兵法传世。然而，被认定为春秋正史的《左传》并没有提及孙武，却对吴国的阖闾、伍子胥、伯嚭等人物及吴国攻入楚国的情况都记述得十分详细，这就造成了更多的疑问。因而自北宋开始刮起一股疑古之风，不断有人怀疑孙武及其著作《孙子兵法》的真实性。根据相关研究资料，围绕孙子其人其书，在历史上有这样几个代表性的观点：

兵者，国之大事，死生之地，存亡之道，不可不察也。

1995年《孙子兵法》特种邮票之——孙子

孙子是我国古代伟大的军事家、谋略家，被誉为兵圣。

其一是"伪人伪书"。即根本不存在孙武这个人和《孙子兵法》这本书。持此观点者主要是南宋的叶适和清代的全祖望。叶适以"左氏无传"为由，认为历史上并无孙武其人，传世《孙子兵法》乃"春秋末战国初山林处士所为"。清代全祖望赞同叶适的观点，并进一步认为该书是战国时候纵横家的伪托之作。

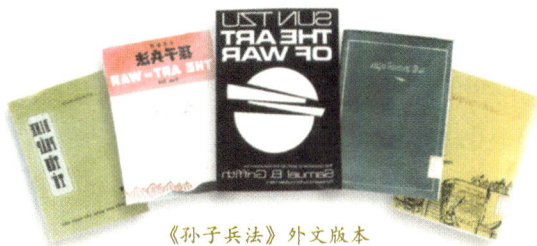

《孙子兵法》外文版本

《孙子兵法》版本

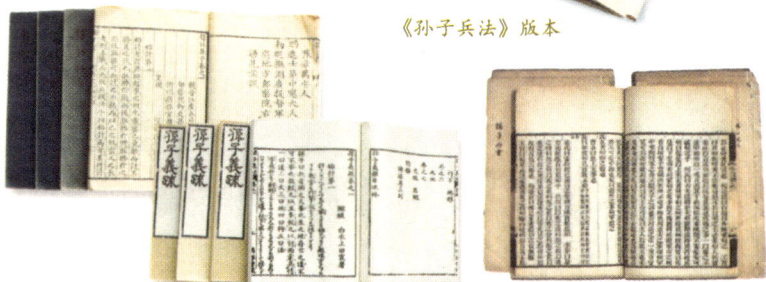

银雀山汉墓竹简博物馆
坐落于临沂市区东南，有东西两座山冈，古代相传两冈均遍布一种灌木。春夏之交，鲜花竞开，东冈为黄色，西冈为白色，故得名金雀山和银雀山。两冈均系汉代重要墓地。该博物馆1981年动工兴建，1989年落成。

其二是"伪书真人"。即有孙武其人，但《孙子兵法》非其所著。持此说者主要是北宋的梅尧臣、清代的姚鼐和近代的梁启超等。梅尧臣曾作过《孙子注》，他认为此书非孙武所著，而是"战国相倾之说也"。姚鼐和梁启超认为，《孙子兵法》所言都是战国时事，因此主张春秋时候的吴国或许有孙武其人，但《孙子兵法》则是战国时的伪托之作。

其三是"武膑合一"。即孙武、孙膑是一个人，《孙子兵法》为孙膑所著。持此说者有日本学者斋藤拙堂和中国现代学者钱穆等。斋藤作《孙子辩》主张："今之《孙子》一书，是孙膑所著。孙武与孙膑毕竟同是一人，武其名，而膑是其绰号。"钱穆认为：《孙子》并非春秋时的著作，由于流传过程中后人的失误，才误将孙膑指为孙武。

其四是"武伍一人"。即孙武和同时期的伍子胥是一个人。清代人牟庭在《校正孙子》中认为，孙武与伍子胥事迹相似：他们二人奔吴后都成为吴国的将军，统帅吴军破楚入郢；二人都著有兵法。因此大胆断言：伍子胥将他的儿子托付给齐国的鲍氏，他的后代在齐国改姓孙，百年以后出现孙膑，孙膑的先辈孙武，实际就是伍子胥。

总之，从宋代始，对孙武其人是否存在，是否有十三篇著作传世，从开始怀疑其人其书演变到了否定其人其书，疑难问题不断被提出。然而，作为中国

银雀山汉墓竹简出土时现场

古代军事思想巅峰之作，《孙子兵法》的研究直接影响到对先秦军事史和军事理论的研究，孙武其人的存在与否以及《孙子兵法》的真伪问题就成了不能绕过、不可回避的问题。

　　幸运的是，所有关于孙武和《孙子兵法》的种种悬疑，随着一次震惊世界的考古发现，得以大白天下，一朝澄清。1972年4月10日，在山东临沂银雀山古墓出土了4942枚汉代竹简，内容计有《孙子兵法》13篇残文和5篇佚文，《孙膑兵法》16篇，《尉缭子》5篇，《晏子春秋》16篇，论政论兵之类50篇等。据文物专家勘察研究表明，竹简书写成时应是秦、汉之际，大约在公元前206年前后。这桩聚讼千年的悬案，一朝得释于竹简，它向世人做了一个不容置疑的历史性结论：历史上确有孙武其人，《孙子兵法》就是孙武所著，孙武、孙膑各有其人，各有兵法传世。这使人们不仅走出了疑古氛围，也为人们研究先秦战争和军事思想奠定了坚实的基础。

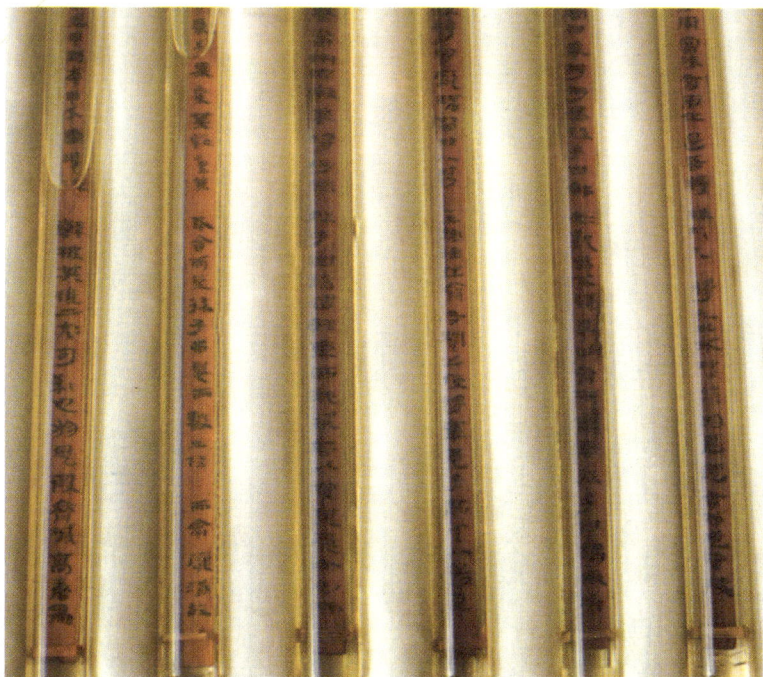

孙子兵法和孙膑兵法竹简

失传了近两千年的《孙子兵法》和《孙膑兵法》竹简在银雀山汉墓1号墓同时挖掘出土，结束了关于孙子其人其书的千古争论，证实了孙武、孙膑各有其人，各有兵法传世。

孙武家世的来龙去脉

孙武的活动年代大约与孔子相同（孔子生于公元前551年，卒于公元前479年）。他的先祖是陈国的公子，姓陈，叫陈完。再往上追溯，陈姓出自妫姓，是虞舜的后代。

根据《史记·田敬仲完世家》记载：陈完是陈厉公佗的儿子，由于陈国内乱，于公元前672年逃到齐国。为避人耳目，他改姓与陈发音相近的"田"。齐桓公久闻田完贤德，欲封他为客卿，但田完不愿贪居高位，一直推辞卿职，当了一个管理百工之事的基层官吏——"工正"。

从此，陈（田）氏家族就在齐国扎下了根。根据《新唐书·宰相世系表》记载，从陈完到孙武共历八世，世系依次是：

稚孟夷；

湣孟庄；

文子须无；

桓子无宇；

无宇生子二：恒、书；

书，字子占，齐大夫（赐姓孙，从陈氏家族分出）；

孙凭，字起宗，齐卿；

孙武，字长卿；

田氏家族在各国立足后，开启了新的家族历程。由于孙武的先祖是封建贵族，受到过良好贵族教育，既具有文韬武略，又积极效力于齐国，经过几代人发展，家道复兴，家势很快就壮大起来，成为齐国的名门望族。延续到了四世孙无宇(桓子)时，已官至"上大夫"。田无宇继承田氏家族尚武遗风，以勇武见称，"事齐庄公，甚

孙武
来自浙江余姚孙
氏宗谱

惠民县孙子故园外景

孙子故园是在北宋孙氏家祠原址上修建的大型纪念性园林，现为国家AA级景区和中国人民解放军国防大学外训教学基地。

有宠"。他的儿子田乞在借贷粮食给民众时，用自己设的大量器贷出，即"大斗出"；在向百姓收税赋时则用小的量器，即"小斗进"。田氏家族就是用这样"行阴德于民"的心术笼络人心。"由此田氏得齐众心，宗族益强，民思田氏"，齐国民众"爱之如父母，归之如流水"。田氏家族挖去了姜姓齐国统治的很大一块根基，家族的力量很快壮大起来。齐国大臣晏子曾经私下向晋国大臣叔向议论说："齐国的江山早晚要归田氏。"公元前567年，齐国灭掉了东方的莱子国，孙武的曾祖父陈无宇在这次灭莱战争中立下大功。《左传·襄公六年》记载："陈无宇献莱器于襄宫"，即把象征莱子国统治权的祭祀礼品都献给齐国宫室，陈氏家族就此成为齐国政治舞台上新兴的显赫贵族。后来，陈无宇通过齐景公的母亲穆孟姬为自己取得了封地——高唐，《左传》记载说"陈氏始大"，就是说陈氏家族的势力从此开始壮大了。

从孙武家族世系表和发展史上不难看出，孙武的先祖在齐国均位居高职，或者为卿、为相，或者为将军。祖父田书曾任齐国大夫，曾带兵征伐莒国，表现了突出的军事才能。"文能附众，武能威敌"的叔父田穰

齐国东周殉马坑
位于临淄区齐都镇

苴更是齐国有名的军事家，曾出任齐国将军，统帅齐军击败燕、晋联军对齐国的入侵，最终一举收复失地。孙武出生、成长于家学深厚的贵族世家，从小受到军事文化及思想智慧的哺育滋润，感化熏陶，这与后来撰著不朽的《孙子兵法》不无密切的渊源。

孙武原姓田，为什么要改姓孙呢?这要从孙武的祖父田书伐莒说起。齐国的南邻有一个小国叫莒，它曾臣服于齐国，是齐国的附庸国。在后来齐、楚两国争霸当中，莒国渐渐疏远齐国而投靠楚国，连续三年未向齐国进贡。公元前523年，齐景公重新任命田书率领军队去攻打莒国的纪鄣。在这次战斗中，田书充分展示了自己的军事才能。他利用内应，兵不血刃地占领纪鄣，赶跑了莒共公。齐景公为表彰他的赫赫战功，不仅把乐安作为食采之邑封给田书，并且"赐姓孙氏"。赐姓是当时最高的宗法礼遇。从此，田书家族改姓孙，田书改为孙书，孙武的父亲田凭改为孙凭。春秋时代，姓是全氏族的共同称号，而氏只是某一族的称号。田书这一支即是以田为姓，而又以孙为氏的。后来姓氏不分，人们也就把孙武的氏作为他的姓了。

孙书
来自浙江
余姚孙氏宗谱

大型木雕《孙子圣迹图》

　　木雕高3米，长33.47米，面积为110.5平方米。木雕刻画细致入微，人物栩栩如生，场面宏大，气势雄伟。堪称中国一绝。

春秋车马坑
位于临淄区城东北

避内乱出奔吴国

　　史书所载孙武是在吴国建功立业的，他的主要事迹发生在吴国。而他为什么要从齐国去向遥远的南方吴国，这已经于史无证了。我们只能从孙武所处的特定历史环境来寻找原因。春秋时期政治局面错综复杂。随着王室衰微和王权的颓落，宗法等级统治秩序发生了混乱，各国之间战争连绵不断，诸侯国内的王室与贵族之间，卿大夫之间，也在进行着权利的角逐，甚至发生弱肉强食、你死我活的混战。孙武的家族在齐国正是处于这样激烈动荡的政治旋涡之中。齐景公统治时期的齐国，国内政治腐败，刑罚残酷，赋敛沉重，民不聊生。此时卿大夫之间的斗争达到了白热化的程度，其中以田、鲍、栾、高四大家族争斗最为激烈。齐景公初年，左相庆封打败右相崔杼（春秋后期齐国设右相、左相，执掌国政）。

10

公元前545年，田、鲍、高、栾四族联合起来，共同讨伐国相庆封，庆封逃奔吴国，四族取得了胜利。随后，四大家族相互之间争权夺利愈演愈烈，并从此揭开了史书所说的"四族谋为乱"的序幕。齐景公十六年，即公元前532年，孙武的曾祖父陈无宇联合陈、鲍两家族，趁执政的栾氏、高氏宴饮方酣的时候，突然动手。几经激战，栾、高两家族的主要人物栾施、高强逃往鲁国，这就是所谓的齐国"四姓之乱"。陈氏家族的取胜和家族势力的扩大威胁到王室和其他家族，引起朝野震动。齐国姜氏贵族有联合其他卿大夫攻灭陈氏的可能，诸侯也有可能借此进攻齐国，一场政治危机即将来临。面对齐国内部动荡的政局和重重矛盾，陈无宇为了化解这场危机，分化瓦解旧贵族，进一步争取人心，也为防止万一，不仅把战胜分得的栾、高家族财产"尽致诸公"，表示拥护齐景公政权；又"请老于莒"，通过齐景公的母亲，向齐景公索取高唐为封地，表示无意继续执掌齐国政权，愿退出齐国政坛。孙武正是因为这场政治内乱而被迫选择离开了齐国。

可是该去向何方呢？

《新唐书》记载孙武"以田、鲍四族谋为乱，奔吴……""奔"是指因某种突发的事件危及人身而采取的自保行为。由于史料缺乏详细记载，我们只好从当时纷乱动荡的天下局势来推测孙武选择吴国的动机。

当时大国晋国卿大夫如同齐国一般互相倾轧，韩、赵、魏、智伯、中行、范氏六家"六卿专政"，如前往晋国，那里的政局也不稳定。

在鲁国，政权实际上落入了以季氏为首的三家之手，发生了"三桓分鲁"。季孙、叔孙、孟孙三家各自在封邑拥兵筑城，以此和鲁国国君相抗衡。而且那里最为守旧，重文轻武，权臣挡道，连孔夫子这样的贤人都没有起用。

去楚国吧，那里国君昏庸，"陪臣执命"，政权由权贵把持，排斥英才，政

兵圣少年

孙武祖上伐莒有功，齐景公"赐姓孙氏、食采于乐安"（古乐安即今山东惠民县）。孙武深受将门家教的熏陶，饱受战争动乱的苦痛，立下"治国平天下"的伟大抱负。该图以波浪滔天的大海为背景，展现了傲立海岩上的兵圣少年的勃勃英姿和大海般的胸怀。（李学辉绘）

局也潜伏着危机，贤臣伍奢被杀，他的儿子伍子胥出走就是证明，所以也不能去。

去秦国吧，它各方面都比较落后，且偏居一隅，自己在那里恐怕难有作为。

至于宋、郑、卫等国家，更不是合适的去处了。

观察当时各国的形势来看，地处东海之滨的新兴的吴国是孙武最有希望施展才能和实现理想的场所。

当时的吴国，是周太王儿子泰伯、仲雍立国之地，建国在东部沿海、长江下游一带，东靠大海，南与越国接壤，西和强楚为邻，北同齐、晋各国相望，地域辽阔，物产丰富，也是春秋晚期迅速崛起的南方强国，自寿梦(前585年—前516年在位)称王以来，联晋伐楚，国势渐盛，政治也较为清明，颇有新兴气象，正是有志之士发挥才能，建功立业的良好处所。历史的舞台正等待着他扮演春秋争霸战争最后一幕的重要角色。

隐居穹窿山

《吴越春秋·阖庐内传》说："孙子者，名武，吴人也，善为兵法，辟（避）隐深居，世人莫知其能。"就是说，关于孙武自齐南奔后先落脚于

穹窿山远眺

茅蓬坞孙武苑门楼

何地世人不得知晓。明朝的冯梦龙在他的《东周列国志》中说孙武"隐居于罗浮山";而根据江苏吴县地方志记载,孙武奔吴后,隐居在吴都西边的穹窿山里。明崇祯十五年(1642年)《吴县志·人物卷》中介绍孙武:"因避内乱奔吴国,隐居于吴县西部山里,著就《兵法》十三篇。后与伍子胥相识,被荐于吴王。"这些记载、传说表明,孙武在到达吴国后的一段时间里,隐于山野,度过了一段隐居生活。而且,很少有人了解他的才能。今天,在穹窿山有许多有关孙武的遗迹,如孙武演兵场、吴王拜将坛、二妃墓、二妃庙等。

孙武栉风沐雨,辗转来到吴国,在都城姑苏附近的山林住了下来。孙武安身之处的穹窿山位于今天苏州城西20余公里,是太湖东岸群山之冠,素有"吴中第一峰"之称。山中绿树翁郁,翠竹密匝,泉水潺潺。登高眺望,太湖扬波,一碧万顷,环境宜人。穹窿山中有茅蓬坞,从山顶向下曲折延伸,山谷平地可耕种蔬果。这里既可僻隐潜修,躬耕山间,又便于同外界接触交往。孙武在此一边灌园耕田,撰著兵书,结交好友;一边悉心观察吴国政治动向,过着自耕农式的生活。

孙武所处的春秋末期是中国历史上一个风云变幻的大动荡、大变革时代，诸侯各国，图强争霸，强国兼并弱国，胜败无常，战争频繁。为了赢得斗争的胜利，新兴的进步势力需要不断总结战争经验，迫切需要运用系统、深刻的军事理论来指导战争实践，完成社会制度的变革。这既是历史的要求，也是时代的呼唤。这就为《孙子兵法》的诞生提供了时代的契机。孙武生长于一个传统的军事世家，经历过家族纵横捭阖的政治斗争，练就了善于观察善于应变的机智才能，这样的家族无疑为孙武继承和学习先人的军事典籍提供了良好条件，对孙武进步军事思想的形成必然会产生影响；耳濡目染的家学熏陶和严酷的战争现实，也拓展了孙武的视野。政治、经济、军事、文化发达的齐国也对孙武军事思想的形成提供了客观条件。

　　孙武在隐居的日子里苦苦思索，从少年时期所读过的所有兵书和各大家的军事思想；从黄帝打败炎帝和蚩尤联军的涿鹿之战，到商朝灭夏朝的鸣条之战；从武王灭商的牧野之战，到春秋争霸战争，都深入进行了研究。他结合在青年时寻游古战场所听闻到的战争故事，以战略家高瞻远瞩的眼光，从纷繁复杂的战争现象中提炼出战争基本规律，从各具千秋的兵法理论中概括出战争基本原则。在当时学术文化下移、私人聚众讲学之风兴起、社会思想空前解放的历史大背景下，孙武吸取了老子、孔子等诸子学说的合理内核，吸吮着时代巨人的思想乳汁，最终，使《孙

茅蓬坞孙武隐居茅屋

子兵法》这部前无古人的旷世著作在他的指端一篇一篇地流淌出来。史书记载，孙武见吴王时以十三篇晋见，十三篇初型已告完成。

伍 员 七 荐

　　春秋末年，天下纷争，列国争雄。就在孙武隐居撰著兵法的时候，他施展抱负的历史契机也终于到来了，公元前516年吴国的宫廷发生了一场政变。吴国公子阖闾在楚国亡臣伍子胥精心策划下，用刺客专诸在家宴中用鱼肠剑刺杀吴王僚自立为王，即吴王阖闾。阖闾为图霸称雄，一心励精图治。为此，他朝夕勤志，奖励农桑，尊贤爱民，发愤图强，内心涌动着攻伐楚国的欲望。

　　伍子胥因急于要报楚平王诛杀父兄之仇，时常观察吴王的情绪变化，在阖闾面前多次毛遂自荐，意欲担任伐楚重任。阖闾却担心伍子胥积极主张伐楚是出于个人动机。尤其是伍子胥是楚国人，以楚人伐楚，楚国人必定以不义视之。吴王因为心中一直疑虑不定，"登台向南风而啸，有顷而叹"，不时登上高台发出叹息，满怀踌躇。大臣们都猜不透吴王的心思，

马踏飞燕铜像

　　马在中国古代，既是生产劳动的工具，又是战争中征战和运输的工具。孙阳以善相马著称于世，后人称为伯乐。伯乐相马，成为中国文化里常用的词语。

　　图片选自甘满堂著《孙姓》，东方出版社出版。

石雕骏马图

　　相传春秋战国时有位秦国人叫孙阳，号称伯乐，擅长相马。因为伯乐孙阳的出现，所以言马、言人必言伯乐，这是孙姓文化的重大贡献。

　　图片选自甘满堂著《孙姓》，东方出版社出版。

但是伍子胥心里明白，尽管自己为吴王谋夺王位出过大力，并得以重用，但毕竟是楚国亡臣，现要伐楚，吴王定要找到一位他认为合适的将帅，于是"乃荐孙子于王"，向吴王推荐孙武。第一次吴王并不在意，对这位来自他国的青年人从无耳闻。伍子胥第二次推荐孙武，吴王又怀疑伍子胥"连朋结党以壮羽翼"。但伍子胥心中比其他幕僚更清楚吴王的心痛之病——破楚称霸，所以一有与吴王论兵的机会，便一而再再而三地向吴王举荐孙武，先后达七次之多。阖闾终于被打动。《吴越春秋》这样记载："子胥深知王

孙武与伍子胥
　　两人结为知己，共同辅佐阖闾经国治军，制定破楚大计，帮助吴国成就霸业。（李学辉绘）

之不定，乃荐孙子于王。"吴王闻听孙武"可以折冲销敌"，便有喜色，问："但不知此人，可有专诸之勇、要离之智？"伍子胥说："孙武精通韬略，有鬼入不测之机，天地包藏之妙，自著《兵法》十三篇，诚得此人，虽天下莫敌，何论楚哉！"伍子胥还说如得此人，犹如周武王得姜尚、商汤得伊尹、齐桓公得管仲，莫说是伐楚称霸，就是并吞列国一统九州也并非难事。吴王听了伍子胥介绍，喜出望外，感叹不已，但又怀疑"子胥托言进士，欲以自纳"，借口推荐人才扩大自己势力。遂决定亲自召见孙武，当面一试，问以兵法。

　　根据银雀山汉墓出土的《孙子兵法》残简记载，孙武由伍子胥陪同，携带兵法十三篇，到达吴王离宫（今苏州胥口一带），在附近馆舍下榻休息。伍子胥遂将兵法十三篇转呈给吴王。吴王阖闾在伍子胥陪同下，亲自去孙武下榻的地方，表示出礼贤下士登门造访的不凡气度。《史记·孙子吴起列传》载："以兵法见于吴王阖庐（即阖闾）。阖庐曰：'子之十三

篇，吾尽观之矣，可以小试勒兵乎？'"在这次会见时，阖闾与孙武首先讨论兵法，每有所问，孙武对答如流，还列举战史上著名战例，详细剖析，说明其胜败原因。阖闾见他说得条条在理，"不知口之称善，其意大悦"。

吴王问计

1972年4月在银雀山出土的汉简除了《孙子兵法》和《孙膑兵法》，还有《吴问》《黄帝伐赤帝》《四变》《地形二》《见吴王》等五篇佚文及其他兵书战策。通过这五篇佚文，人们可以了解到孙武当年与吴王以对话的形式阐述的军事思想。

阖闾首先向孙武请教古来帝王治国平天下的经验教训。孙武就通过黄帝伐赤帝的历史经验，向吴王阖闾阐述了"休民、艺谷、赦罪"的王霸之道。在这些佚文对话中，孙武向吴王总结了历史经验："就拿黄帝伐四帝来说吧，黄帝当时坐镇中央，四方首领为恶肆虐。黄帝向南讨伐赤帝，在阪泉进行了战斗，顺应了天道、地理、人情，歼灭了敌人并占有其土地。经过几年休养生息，恢复民力，种植五谷，大赦罪人。向东讨伐青帝，向北讨伐黑帝，向西讨伐白帝，都用上面的办法，最终战胜了四帝，统一了天下。残暴的帝王被消灭了对天下人来说是好事，所以普天之下，四面八方的人都归向黄帝。后来，商汤伐灭夏桀，据有九州；周武王铲除商纣，牧野一战，四海归一。这一帝二

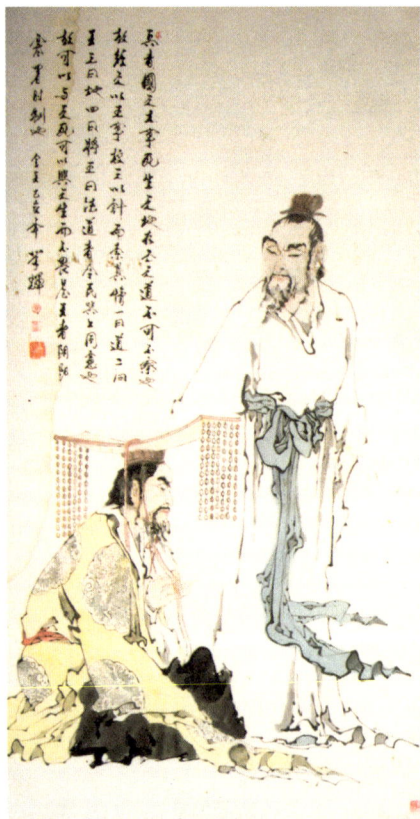

孙武与吴王

孙武生长于齐国，建功立业于吴国。吴王阖闾是有作为的一代君主，招贤纳言，拜孙武为将，为孙武施展才华提供了机遇。孙武为吴王成就霸业立下汗马功劳，留下一段历史佳话。
（李学辉绘）

王，全都是既得天之道，又得地之利，更得民之情，所以才无往而不胜的啊。现在吴楚的形势就是如此，我方占得天道、地理、人情。不可错过大好时机啊。"

吴王听后略有所悟，对孙武说："先生对古帝王治国平天下的经验教训颇有研究，我很赞同先生的观点，但三皇五帝神圣之事，似可望而不可及，但不知先生对当今天下大事有何高论。就拿晋国来说，它称霸近百年，可后来六卿专权，晋国的范氏、中行氏、智氏和韩、魏、赵六家世卿各霸晋国一方之地，互相争权夺利。依先生看来，他们当中哪个先灭亡，哪个能获得最后成功？"

"范氏、中行氏这两家会首先败亡。"孙武不假思索地答道。

阖闾继续追问道："先生何以言此呀？"

孙武从容说道："我是根据他们田亩制度的大小、收取租税的多少以及士卒的众寡、官吏的贪廉作出判断的。拿范氏、中行氏来说，他们以八十步为畹，以一百六十步为亩。六卿之中，这两家的亩制最小，收取的租税却最重，收五分之一的田亩税。公家赋敛无度，人民转死沟壑；官吏众多而又骄奢，军队庞大而又屡屡兴兵，如此下去，必然众叛亲离，土崩瓦解，不亡而何待？"

见孙武的分析切中两家的要害，说得头头是道，吴王就又接着问道：

孙子兵法城俯瞰全景

大型木雕吴王问计场景

"范氏、中行氏败亡之后，又该轮到哪家啦?"

孙武继续侃侃而谈:"根据同样的道理推论下去，范氏、中行氏灭亡之后，就要轮到智氏了。智氏家族的田亩制度，只比范氏、中行氏的田亩制度稍大一点，以九十步为畹，以一百八十步为亩，租税同样苛重，也是五分抽一。智氏与范氏、中行氏如出一辙，没什么两样，都是亩小，税重，公家富有，人民穷困潦倒，官多兵众，主上骄傲，臣下奢侈，又好大喜功，结果只能是重蹈范氏、中行氏的覆辙。"

吴王情不自禁地接着继续追问一句说:"智氏家族败亡以后，又该轮到谁了呢?"

孙武十分自信地回答说:"那就该轮到韩、魏两家了。韩、魏两家以一百步为畹，二百步为亩。税率还是五分抽一。他们两家仍是亩小，税重，公家聚敛，人民贫苦，官兵众多，急功数战。只是因为其田亩制度稍大，人民的负担略微有所减轻，还可以苟延残喘一阵，败亡会在三家之后。"

"至于这最后一家必是赵氏家族。"孙武不等吴王开口再问接着说道:"赵氏家族的情况，同前边说的五家不大一样。在晋国当权的六卿之中，赵氏的田亩制度最大，以一百二十步为畹，二百四十步为亩。不仅如此，赵氏收取的租税从来不重。亩大、税轻，公家取民有度不事苛暴，官寡兵少，在上者注重节俭，在下者办事谨慎。苛政丧民，宽政得人。以此观之，赵氏家族必然兴旺发达，晋国政权将来最终要落入赵氏之手。"

吴王阖闾就军事继续向孙武请教道:"先生所著兵法十三篇我都看过了，十分钦佩您的学问，但尚有一些疑难不解的问题。我们的军队如果出境作战，在敌国驻扎，这时敌人从四面八方包抄过来，将我军重重包围。我军想突出重围，可是四边险要不能通行。要想激励士气，使他们拼出性命去突围，用什么办法好呢？"

孙武略思片刻回答说："面临这种情况先要深沟高垒，向敌人假示我军要固守阵地的样子，隐蔽我军的企图。然后暗自布告全军，告诉士兵我们已处绝境，唯有以死相拼，才能获得生机。把随军牛马杀掉让全军将士饱餐一顿，剩余的粮食通通烧毁，让将士抱有必死的信念，并气一力，分兵两路向敌人发动突然进攻。进攻时要鼓声震天，杀声震野，从心理上使敌人惧怕起来；突出去的部队要从敌人背后接应另一支没有突出的部队，这就是在我军形势不利的情况下，采用的求生办法。"

孙武刚说完，吴王阖闾跟着又问："如果情况正好相反，是我军包围了敌人，又该如何围歼敌军呢？"

孙武道："这有何难。山峻谷险，敌军难以逾越，兵书上称之为穷寇。歼敌的办法是，把士兵潜伏起来，选择好让敌人逃跑的路线，然后虚留一条生路，使他们只想到为求生而逃跑，从而丧失必死的决心。如果丧失了战斗力，这样的军队再多，也会被击败的。"

吴王听完问道："我再问一个问题，如果敌军占据山川险要，粮食又十分充足，想引诱敌军出战，敌军不上当怎么办？我军又如何能找到敌军疏忽的地方发动进攻呢？"

孙武回答："遇到这种情况也好办。只要我军分兵把守住要害之地，保持高度的警惕性，不能有丝毫的松懈；然后秘密派出谍报人员刺探敌军守备情况，密切注视敌人松懈的时间，以小利诱使敌人出击；同时禁止敌人一切外出活动，久而久之，敌人自然而然地会改变坚守的方针。等到敌人一旦离开，我军则全线出击。这

孙子书院院标
惠民县孙子故园兵圣殿前院标是孙子书院的总标志，以古代兵器组合而成，像古代展翅欲飞的吉祥鸟形状，象征着战争与和平，表达了既矛盾又统一的辩证唯物主义思想，高度概括了《孙子兵法》的智慧。

孙子兵法城军争殿
院落景观　双剑

就是敌人据守险隘，我们一定能够攻破敌人的办法。"

吴王又继续提问说："您著的兵法十三篇中一些句子寡人看了尚有不能领会其深义的地方。比如说：'途有所不由，军有所不击，城有所不攻，地有所不争，君命有所不受。'其所指能否讲得具体一些？"

孙武说："好吧。不一定要走的道路，是指军队进入这种地区，进入浅了达不到前进的目的，进入深了后方又不利于接应，军队行动了就会产生不利因素，军队不行动就会有被包围的危险。这样的道路，就千万不要去走了。不一定要攻击的敌人，是指虽然估计我军的军事力量足以击破敌军并俘获敌军将领，但从长远利益上考虑，还有其他更奇特巧妙的办法，不用和敌人面对面地较量。在这种形势下，敌军虽是可以打败，但也不去打它。不一定要攻占的城邑，是指估计我军的军事力量完全可以把这座城邑攻下来，但攻取以后对于我军继续前进并没有什么好处，又不能守住这座城邑。但如果我军不去攻占它，而是进出在这座城邑的前方，造成一种有利的形势，这座城邑的守敌就会因此绝望而自动投降。对于这种城邑，虽然可以攻取它，但也不要去攻它。不一定要争的地方，是指山谷水泽，军队无法生存的地方，这样的地方，不要去争。所谓国君命令不一定要执行，是指他的命令违反了上述'四变'的原则，就可以不执行国君的命令。作为一名将帅懂得了这四变，就算懂得如何用兵了。"

君臣就这样一问一答，讨论话题大到治国安邦，小到军事上战术。孙武从吴王的发问中看出了吴王确实想成为一位有所成就的君主。而吴王通过连连发问，发觉孙武确实有经天纬地之才。他分析问题犀利透辟，冷静缜密，对答如流，真是一位不可多得的文武双全的将才。虽然孙武的话句句在理，但吴王还是想试一试孙武的真本领。

吴宫教战

从《史记·孙子吴起列传》到《吴越春秋·阖闾内传》，当中记载孙武生平的文字只短短几句话，其余全是记述孙武在吴王宫廷训练宫女的事，这就是为许多人熟知、脍炙人口的"吴宫教战"故事。这个故事就发生在今胥口镇附近的香山里。清代吴县《香山小志》记载："教场山，即吴宫教美人战处。"教场山濒临太湖，山顶有平坦开阔的地方，山下还有被孙武所斩杀的二妃的墓。

为什么吴王非要弄一帮宫女让孙武训练？其实，立志图强争霸、日夜盼望良将辅佐的阖闾是想在看似游戏般的操练中试探孙武的真实才干和能力。阖闾在内心非常敬佩孙武的同时，又心生疑窦。在诸侯国间雄辩善谈的说客很多，但他们往往缺乏真才实学。为了试探孙武的军事才能，吴王对孙武说："你写的十三篇我都看过了，可以小规模试一下吗？"孙武早有准备地答："可

《孙子兵法》特种邮票之二——吴宫教战
汉代历史学家司马迁《史记》中所记述的故事。吴王阖闾让孙武训练宫妇，以试探孙武的军事才能。

教场山
孙武演兵场遗址，位于苏州市吴中胥口香山里教场山，海拔仅仅30米。《史记》记述吴宫教战的故事就发生在这里。

22

胥口二妃墓

位于胥口香山里教场山南麓，清《香山小志》载："二妃墓，即孙子教宫女战，杀吴王二妃，吴王厚葬之，在教场山南，实相寺后，俗称美女坟者是也。"

以。"阖闾问："可以用妇人试一下吗？"孙武看出吴王的用意，肯定地说："完全可以。"吴王于是命令从后宫挑选宫女180名（《吴越春秋·阖闾内传》记述是300人），领到练兵场上，交给孙武演练。孙武将她们分为左右两队，指定两名吴王宠妃为队长，各执长戟作前导；同时按照兵法，指定了执法官，将斧钺立于演兵场侧。孙武严肃认真地宣布："你们都知道前心、后背、左右手吧，看我手中的令旗，听着金锣鼓声，前，则视心；左，视左手；右，视右手；后，即视背。"问："大家知道了吗？"这些平时娇生惯养的宫女乱喳喳地回答："知道啦。"演练开始，一阵击鼓，传令向右，结果"妇人大笑"。宫女们从未见过这阵势，乐不可支，队伍一片混乱。孙武对此首先自责："约束不明，申令不熟"，是我为将的过错。于是再次说明演练要求，"三令五申"以后，再次击鼓，命令队伍向左。宫女们"复大笑"，还是像刚才一样笑声不迭，不把"将军"孙武当一回事。突然，"孙子大怒，两目忽张，声如骇虎，发上冲冠"，一面大呼"取斧锁"，一面呵斥："要求不明，命令不熟悉，这是将军的过错；既然已经讲得清清楚楚，而你们仍不按命令行动，这是队长的过错。三令五申，军法如何？"执法官大声回答"斩"。在台上观阵的吴王见此情形，急忙传话："我已经知道将军能用兵了，可没有这两个美人，我吃不下睡不着，不能杀。"孙武坚定地回答："请禀报大王，我既然受命为将军，将军在军队中，国君的命令可以不接受。"于是坚决依军法行事，斩了两名队长，另选两人为队长。其他的宫女见状，个个吓得面无人色。再演练时，魂飞魄散的宫女们所有动作完全遵从指挥，"妇人左右前后跪起皆中规矩绳墨，无敢出声"，个个合乎要求，简直像一支合格的队伍了。孙武向吴王禀报："请大王检阅，这支队伍已可为王所用，兵已整齐，即使赴汤蹈火也不退却。"

史学家们通过这则故事，意在向人们转述"将在军，君命有所不受"的为将之道和信赏明罚、以法治军的精神。

斩断羽翼　三师疲楚

公元前512年，吴王阖闾正式拜孙武为将。这一年，孙武首次领兵，

吴楚两军战略
企图示意图

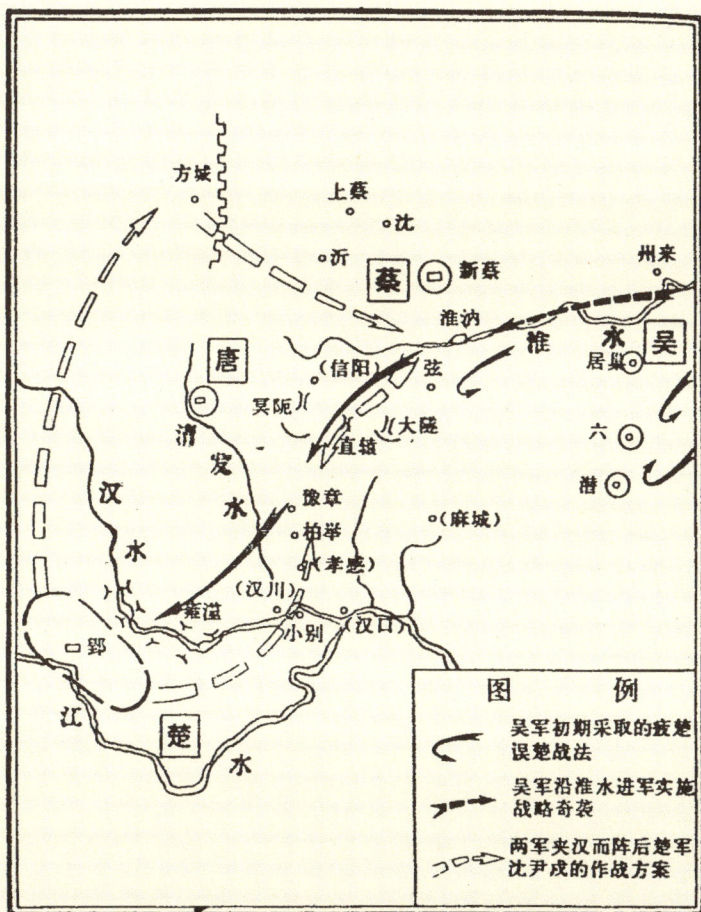

兵者，國之大事，死
生之地，存亡之道，不
可不察也。

《孙子·计篇》

24

孙武与吴王问对
（孙子兵法城场景）
在重臣伍子胥多
次推荐下，吴王阖
闾接见了孙武，并向孙
武请教治国治军之
道，对孙武所阐述的
军事思想极为赞赏。

指挥了吴国征伐徐国和钟吾国的战役。此次兴师讨伐楚国附庸，是因为阖闾的王兄吴王僚在位期间，曾派掩余和烛庸二公子率军出征与楚交战。当二公子在外听到阖闾发动政变自立时，就逃到了徐国（今安徽泗县）和钟吾国（今江苏宿迁东北）。这两国依仗楚国撑腰，放走二公子，让他们投奔楚国。楚昭王十分得意，如获至宝，让二公子到叫做"养"的地方（今河南沈丘县）去居住，并派兵重新修筑养城，把养城东边的城父、东南边的胡的土地赏赐给二公子，使其成为楚国东部屏障，借以阻挡吴国进犯。

吴王阖闾十分清楚楚国此举的用意，下决心要攻克养城。这一仗是孙武初试兵锋的第一场战役，因此，孙武在战前深入分析了敌我双方的形势，认为此战一是擒杀公子掩余和烛庸，剪除吴国政治统治的隐患；二是扫除淮河北岸楚军势力，削弱楚的外围力量，控制淮水下游，为日后破楚伏下杀机。

这年十二月，孙武率军攻伐钟吾。钟吾国小民贫，不堪一击。吴军攻入钟吾，俘获其国君。接着，孙武又移师攻打徐国。徐国自恃地形险要，防守坚固，与吴军对抗。孙武派兵凿通山丘，用引水淹城的战法逼迫徐国献城投降；进而乘势袭破楚国的舒地，擒杀了二公子。《吴越春秋》对此记载道："孙武为将，拔舒，杀吴亡将二公子掩余、烛庸。"吴王阖闾见旗开得胜，不禁踌躇满志，"因欲至郢"，想就此乘胜一举攻下楚国郢都。孙武以为吴军久战疲惫，而楚国未伤元气，又在集结力量，因此劝说吴王"民劳，未可，待之"，要他不要急于求成，冷静地等待时机，紧要关头，制止了吴军盲目行动。

吴王阖闾四年（公元前511年），吴国再次"使孙武、伍子胥、伯嚭伐楚"。孙武按照伍子胥提出的"三师以肆"的疲楚战略，采取俟其"既罢而后以三军继之"的方针，将吴军组成三支劲旅，轮流袭击楚国。先以第一部分兵力骚扰对方，突然袭击楚国，然后快速回撤。楚军退回后，另外一部分军队又突然出动，"彼出则归，彼归则出"。如此一来，弄得楚师疲于奔命。吴军先佯攻楚国夷城，待楚国援军到来时，再掉转兵锋，南下渡过淮水，直趋五百里，疾攻楚国的战略腹地——潜、六两地。当楚军援兵即将到达时，吴军不与楚军正面交战，迅速撤退待机。楚军见吴军撤走，把军队驻扎在南冈（今安徽潜山县）。孙武这时调动第二路人马，沿淮水而上，舟行数百里直扑楚的战略要地——弦邑，摆出一副要攻占弦邑的架势。楚军见势立即急驰救援。当楚军进抵到豫章时，吴军又撤退回师。这个奇妙战略实施得非常有效，吴国连续攻占了楚国的城父、潜、六、弦等地，使楚国军队疲于奔命。

公元前508年，即阖闾七年，楚国为了报复吴国，于这年秋天派令尹子常、囊瓦率大军讨伐吴国，孙武、伍子胥奉命领兵迎敌。孙武、伍子胥利用对楚国有亡国之恨的舒鸠人编造了一套假情报去诱骗楚国，楚国果然听信了舒鸠人的谎言。吴军大张旗鼓地调集水军和战船前往豫章南部江面上，摆出一副因害怕楚军攻吴而要替楚国讨伐桐国的样子，让

春秋时期吴国的大翼船

26

知彼知己
者，百战
不殆

孙子兵法特种邮票之三——五战入郢

郢是楚国都城。公元前506年，孙武参与指挥的伐楚大战中，吴军五战五捷，最终一举攻陷楚国都城，这场吴楚大战成为历史上有名的"五战入郢"。

楚军不起疑心，却又暗中在巢地集结另一支军队，暗中转移兵力，等待战机夺取楚地巢城。楚将子常得到舒鸠人的虚假情报，见到吴军战船摆满了桐国以南的江面，果然以为吴军胆怯，想用伐桐来讨好楚军，于是把大军驻扎在豫章地区，静观吴军伐桐。这样，楚军从秋天一直驻扎到冬天，时间一长，士气便日益低落，防备也开始松懈。孙武抓住时机，率吴军突然包围了楚军，打得楚军猝不及防，巢城失守，楚国公子繁也成了吴军俘虏。

这次对楚作战的胜利，又点燃了吴王进攻楚国国都的欲望。但孙武、伍子胥认为攻楚的时机尚未成熟，劝吴王"郢未可入"，忍耐待机，不可轻率从事，吴王只好作罢。豫章之战，孙武以疲楚误楚的谋略，打开了通向楚国的天然屏障——大别山东大门，为吴国完成了破楚入郢的战略部署。此次战役之后，吴国彻底取得战略主动，从此而转入战略进攻。

西破强楚

公元前506年，楚国起兵围攻蔡国。在危急中，蔡国在向晋国求援无望的情况下，转而向吴国求援。吴国给楚国致命一击的时机终于出现了。除蔡国外，唐国国君也因不满于楚国的不断勒索而立誓要报屈辱之

太湖西山
吴越夫椒古战场
夫椒山位于今苏州市太湖西山岛。

仇，主动与吴国结盟。唐、蔡虽是两个小国，但地处楚国北部侧背，地理位置相当重要。吴王阖闾决计攻楚，于是，"三国合谋伐楚"，组成联合阵营集结于淮河以南。当年冬天，吴王阖闾率军亲征，以孙武为大将，伍子胥为副将，倾全国兵力水陆3万余人大举伐楚，与楚军在辽阔的江淮之间进行战略决战，揭开了自商周以来规模最大、战场最广、战线最长的柏举之战帷幕。吴、蔡、唐三国联军，首先按孙武的"以迂为直""攻其必救"的战略，"以兴师救蔡为明为虚，以破楚入郢为暗为实"。表面去解救被楚军围困的蔡国，在楚军回防郢都之时，吴军溯淮水西进，秘密抵达淮汭地区（今河南潢川），会合唐、蔡军队，舍弃重装备，弃舟路行。主力军经过豫章，穿越楚国北部的三个险要关隘大隧、直辕、冥阨，深入楚国腹地，穿插直趋汉水的东岸。陷入被动的楚军被迫仓促应战，在汉水西岸布阵防御。

楚军左司马沈尹戍长期与吴军作战，老谋深算，认为吴国"悉兴师"

柏举之战
柏举之战是孙武亲自参与指挥的最重要的一次战争。这次大战给长期称雄的楚国以非常沉重的打击，从而大大改变了春秋晚期战略格局，为吴国的崛起争霸奠定了坚实基础。（李学辉绘）

远道而来，应采用分敌的战术，建议令尹囊瓦率兵东进，挟汉水与吴军对峙，拖住吴军。自己率少量人马北上方城调回防备晋国的主力，率兵毁坏吴军舟船，突袭淮汭，袭击吴军背后，完成迂回包抄吴军的行动，并给予毁灭性打击。但是楚军统帅囊瓦虽擅长钩心斗角、争权夺利，军事上却是个无能之辈。他怀疑左司马沈尹戍"独克吴"会独占功劳，因而擅自改变原定的作战计划，统率主力渡汉水向吴军进攻。吴军顺势采取后退疲敌、寻机决战的策略，由汉水东岸后撤。楚军误认为吴军怯战，步步进逼，尾随吴军。自小别(今湖北汉川东南)至大别(今湖北境内大别山脉)间吴楚两军三次交锋，楚军极其疲惫。十一月十九日，吴军在柏举地区(今湖北麻城市境)布列阵势，迎战楚军。吴军将士受到长期严格训练，个个奋力冲杀，以一当十。楚军虽众，但主帅昏庸，招架不住吴军

西破强楚

公元前506年，吴国联合唐、蔡两国伐楚，由吴王阖闾率军亲征，以孙武为大将，大败楚军，攻陷郢都，夺取了破楚全胜。(李学辉绘)

包孕吴越(1995年邮票)

画中展现了烟波浩淼、水天一色的太湖风光。春秋时，吴越两国以太湖为界，这里曾上演两国殊死战争。

攻势，楚将囊瓦战败仓皇逃奔郑国，楚军狼狈向西溃逃。吴军尾随不舍，在柏举西南的清发水(即涢水，在今湖北安陆西)追击楚军，乘楚军惊恐、争先抢渡之机，采用"半济而击"战法，掩杀正渡河的楚军，使楚军又遭到沉重打击。侥幸过河的楚军至雍澨(今湖北京山西南)后饥饿难耐，正在埋锅做饭时，被追击的吴军痛加追歼。吴军在那里和由息城回兵救援的楚军沈尹戍部队相遭遇。经过一场恶战，楚军大败，主将沈尹戍伤重身亡。吴军五战五捷，长驱直入，直逼郢都城下。楚昭王无奈出奔随国。吴军一举攻陷郢都，夺取了破楚之战的全胜。楚国自建国以来，第一次将首邑陷落入敌军之手。

孙武参与指挥的这场吴楚大战成为历史上有名的"五战入郢"。柏举之战是孙武军事思想的一次最好实践，是中外战争史上一次以少胜多的著名战役。它印证了《孙子兵法》的一些理论原则，如"兵者诡道""上兵伐谋""避实击虚""因敌制胜""示形动敌""造势任势"等等。这次大战给长期称雄的楚国以非常沉重的打击，彻底改变了春秋争霸的战略格局，孙武因此一战成名。

吴王夫差矛

1983年11月在湖北江陵马山出土。矛头为青铜制造，正面有"吴王夫差自乍用鈠"铭文。是吴国兵器中的珍品，是价值连城的文物。(左图)

越王矛

湖北襄阳出土。春秋时期，吴越之间征战讨伐不断，双方都生产名闻天下的利刃。越王矛是其中之一。(中图)

越王勾践剑

1965年12月在湖北江陵望山出土，出土时仍锋利无比，可以断发。剑身有黑色花纹，正面有"越王勾践自用剑"铭文。剑格正面和背面镶有蓝色琉璃和绿松石纹，显示了中国古代高超的青铜铸造技艺。(右图)

兴师伐越

楚国在柏举之战遭受惨重失败后，短时间内无法恢复元气以威胁吴国，吴楚之间八十年的战事基本平息。吴国从此转而与越、齐、晋诸国进行交锋，争夺霸权。首先吴越两国又进行了争战。越国位于今浙江一带，都城在会稽(今浙江绍兴)。吴越以太湖为界，两国语音相通，风俗相近，正如《吴越春秋》所记载："吴与越同音共律，上合星宿，下共一理。"但后来，吴越相互交恶，越国在吴楚争战中与楚国结盟而牵制吴国。逐

30

渐强大起来的越国想北上争霸中原，因此欲扫清吴国这道北上障碍，这样吴越就出现了"争三江五湖之利"的局面。楚国利用吴越争夺江湖河泽之利局势，与越国联盟，扶植并利用越国威胁和牵制吴国。公元前510年，越王允常登位。吴国此时已经作好全面攻楚准备，但是却担心越国在背后乘虚进犯，于是阖闾亲自率军攻越，首先扫除后顾之忧。根据《左传》记载，这一年，"吴伐越，用师于越也"。从此，吴越之间开始了相互争战。公元前505年，越国趁吴国大军伐楚时，发动对吴进攻，直逼吴都。吴军弃楚返国，越军败退。

吴越两国之间进行的两次重要战争是槜李之战和夫椒之战。

槜李之战发生于公元前496年。这一年，吴王阖闾得知越王允常去世，允常新继位的儿子勾践年轻稚弱，越国正是怀丧之时，认为这是征服越国的好时机，置伍子胥劝阻于不顾，骤然起兵攻打越国。越国正逢大丧，百姓面对吴国进犯同仇敌忾，全国一心。吴越两军在两国边界槜李、也就是今天浙江嘉兴市一带对峙。初战时，勾践设计想涣散吴军，但没有取得预期的进攻效果。吴军的战阵有"奇""正"之分。吴军"奇兵"擒获了冲阵的越军，而"正兵"主战阵却岿然不动，勾践白白损失了500人马。越军第二次攻击也遭到同样命运。吴王阖闾得意忘形，命令吴军发起攻击。当吴军推进到越军阵前时，越王用数百罪犯在吴军阵前齐喊："如今吴军来攻打越军，我们犯了军令，不愿苟且逃刑，愿意自决军前以谢罪。"说完大喊而自刎，一时血光四飞，不待第一排倒下，第二、第三排又用同样方式自刎而

《孙子兵法》特种邮票之四——艾陵之战
周敬王三十六年（公元前484年），吴国、鲁国联军在艾陵（今山东莱芜东北）重创齐国军队的重要战争。

绍兴越王台
春秋时期，越国都城在会稽（今浙江绍兴），相传越王台是越王勾践阅兵的地方。

死。被这突来场面震慑的吴军个个目瞪口呆，阵脚顿乱。越军乘吴军惊愕之机，击鼓突击。吴军猝不及防，动摇溃退。混战中阖闾被越国大夫灵姑浮刺了一戈，鞋和脚趾被刺掉，受了重伤，回师中途伤势过重而亡，吴军大败。阖闾之子夫差继位后，牢记勾践杀父之恨，发誓报仇。檇李开战，揭开了吴越三十年你死我活的大搏杀。

公元前493年，吴国准备兴师伐越。勾践闻讯后先发制人，不顾范蠡等人劝谏，孤注一掷，率领越国步兵和水师首先进攻吴国，想主动摆脱吴国打击。夫差也"悉发精兵十万抵御"。吴越两军在夫椒(今苏州西南太湖中)相遇。战斗十分激烈，夫差亲立船头，擂鼓助战。吴军派出小

吴越笠泽之
战决战示意图

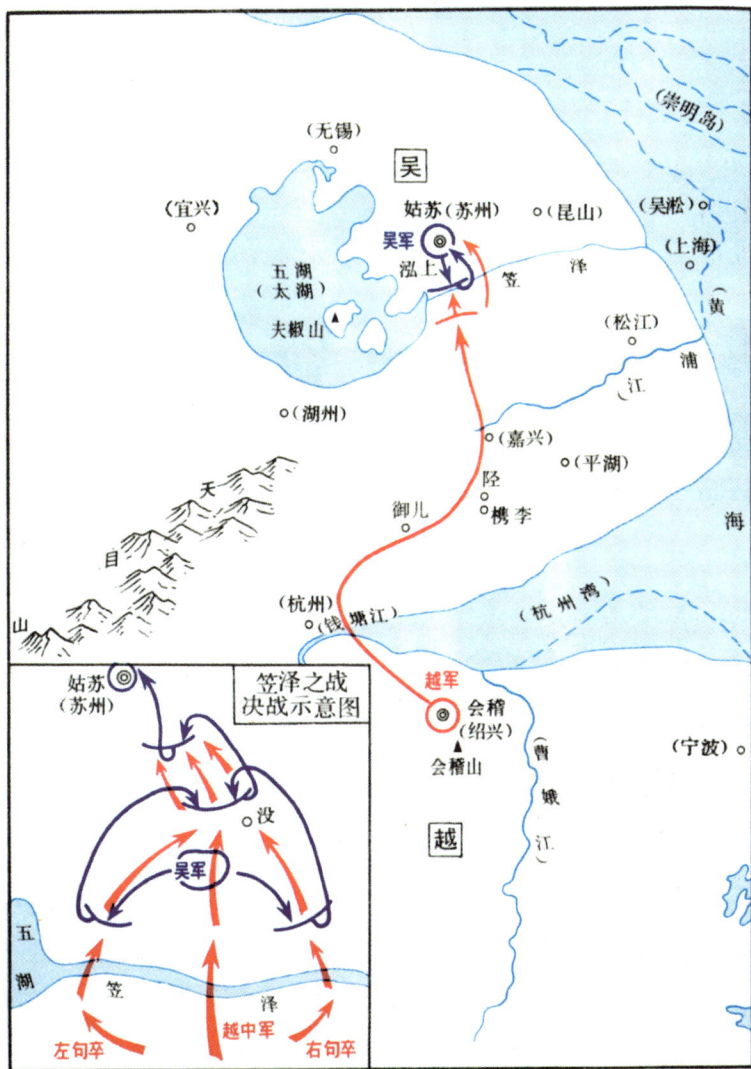

31

部分兵力迎战，边战边退，引诱敌军到西山岛西北的湖面决战。待越军船只全部进入包围圈后，吴军水师兵分三路围歼越军水师。由于吴军强大，熟悉地形，又切断了越军后援和退路，越军败退如潮。最后，越王勾践带领五千残兵败将退逃到越国都城外会稽山上(今浙江绍兴)，被吴军团团围住。久日围困，越军数次突围，都被吴军击退。勾践无奈，在文种、范蠡等大臣建议下，只得卑辞厚礼，献上越国宝器美女，并以勾践夫妇作为人质到吴国侍奉夫差、臣服吴国、每年向吴国进贡为条件，向吴国请降求和。这次"战于五湖"(太湖)的"夫椒大战"，使越国受到了沉重打击；吴军取得前所未有的胜利，吴国在很长一段时间成为越国宗主国。司马迁称誉孙武为"南服越人"立下了功绩。但是，由于史籍中没有发现柏举之战后孙武在吴国继续辅佐吴王阖闾的迹象，因此，我们推测，司马迁的这句评语也许是指孙武在对越国战争中发挥了实际的作用；也许是说孙武辅佐吴王阖闾，整军经武、备战争霸，从而以充实的国力为保证吴国能够在与越国战争中取胜发挥了间接作用。

北上争霸　威慑齐晋

《孙子兵法》特种邮票之五——黄池会盟
公元前482年，吴王夫差率领吴军主力进至黄池(今河南封丘)，与晋国及中原诸侯会盟，"欲霸中国"，此时吴国霸业达到顶点。

自夫差继位南服越人后，吴国成为东南强国，决心向北扩张，争霸中原。他们首先征服了鲁国(今山东南部)，迫使背齐面吴的鲁国与吴国订立城下之盟；还制服了陈国(今河南东部和安徽一部分)。公元前484年春，吴军舟师连同越国三千援军从太湖出发，越大江，经邗沟，抵淮水北进，与鲁军组成联军，攻下博地(今山东泰安市南)，到达赢地(今山东莱芜市西北)，然后经长勺(今山东莱芜市东北)，与齐军相遇。两军在艾陵摆下战阵，展开激战，齐军战败，齐简公被迫与吴国订立了城下之盟。

《史记·孙子吴起列传》有记载说："于是阖庐知孙子能用兵，卒以为将。西破强楚，入郢，北威齐晋，显名诸侯，孙子与有力焉。"大意说的是因吴国强大，齐、晋两个诸侯国为之畏惧。《吕氏春秋·简选》也称："吴阖闾北迫齐、晋，令行中国。"《越绝书·记吴地传》说："阖闾伐齐，大克。"《左传·哀公十一年》记："吴大败齐于艾陵(今山东省莱芜东北)，迫齐求和。"这些都是说吴国在艾陵之战中大败齐国，迫使齐国求和。东方大国齐国曾是春秋五霸中的第一位霸主。齐桓公死后，齐国陷于争位夺君的纷乱之中，霸业也从此付诸东流。此时的齐景公慑于吴国的军事压力，不得不忍痛将自己的爱女作为人质，远嫁吴国，以换取阖闾停止伐齐。

正当齐国霸业衰落之时，晋国国君晋文公欲争夺霸主。经过晋楚城濮之战、晋齐交战，晋国大胜，成为后来居上的春秋霸主。随后晋国卿大夫之间矛盾重重，争斗不止，也从此无力对付吴国争霸行为了。

公元前482年，吴王夫差率领吴军伐晋。大军从太湖出发，沿邗沟北上，到达宋、卫、郑、晋四国交界的黄池(今河南封丘县东南)。吴军编成三个方阵，向晋军阵地挑战。晋定公慑于吴军压境，与吴王夫差、鲁哀公在黄池举行会盟仪式，把霸主地位拱手让了出来。吴王夫差派大夫向周天子(周敬王)报告霸业之功。周敬王表扬吴王，并且还赐给吴国一批上等的弓弩和其他礼物。北威齐、晋的结果，使吴王夫差成了名正言顺的春秋霸主，吴国也成了威震天下的春秋列国之霸。在这些重大历史事件中，孙武以及他的兵法原理为吴国的称霸都可能起过一定的作用。据《汉书》记载："阖庐举伍子胥、孙武为将，战胜攻取，兴伯(霸)名于诸侯。"史学家司马迁评价说："西破强楚，入郢，北威齐晋，显名诸侯，孙子与有力焉！"这是对孙子一生辉煌功绩的高度评价。

孙武子亭
位于苏州市虎丘山上，建于1955年，后毁。1984年重建。

飘然高隐

　　孙武晚年的情况由于史载不详，成为千古之谜。《越绝书·记吴地传》中记载："巫门外大冢（坟墓），吴王客齐孙武冢也，去县十里，善为兵法。"由此可见，孙武死后可能葬于今天苏州附近。据学者考查，孙武墓就在今天的苏州市相城区虎啸村孙墩浜。史籍还记载孙武"后见阖闾荒游无度，辞官归齐，数年而亡"，也就是说他回归故国齐国了。明代小说《东周列国志》告诉我们，孙武向吴王夫差托辞"不愿为官，固请还山"；而且私下规劝伍子胥说："您知道什么是天道吗？大王现在依仗国家强盛，边境四面无忧，一定会产生骄奢享乐之心。功成而不隐退，将来必有后患。我不只是想保全我自己，也想您能保全自己性命。"可惜，这番颇具远见卓识的话，伍子胥没能听进去，后来果然被奸臣中伤，被迫自尽。以上说法，可能是历史小说的虚构，也可能来自民间传说，今天已无从查考了。

　　孙武的一生，除了赫赫战功之外，最主要的是他留下了不朽的旷世巨著《孙子兵法》，奠定了中国古典兵学的理论体系，确立了孙武在春秋末期思想界与老子、孔子比肩的地位。

吴王客齐孙武冢
　　在今苏州市相城区元和镇。根据《越绝书》记载："巫门外大冢，吴王客齐孙武冢也。去县十里，善为兵法。"

《孙子圣迹图》 飘然高隐

孙子故里考证

由于历史的原因，一代兵圣孙武家世生平缺乏明确的史料记载。为着知人论世，对孙子故里进行考辩是孙子研究领域不可回避的重要问题。孙武故里问题是近些年来提出的一个新问题。这个问题的提出，标志着孙子研究在向纵深发展，也标志着孙子的影响日益增大。

由于文献不足和史料缺乏，导致孙武的身世和经历留下很多历史空白，他的里籍问题成为千年历史疑案。活动于春秋末年的孙武，已经不能从存世的所有春秋时期的史书文献中找到有关他的相关记载。先秦时代的典籍《春秋》《左传》《国语》中都没有提到过孙武其人其事。战国时代的著作《荀子》《韩非子》《尉缭子》《吕氏春秋》等尽管透露了有关孙武的一点信息，但仅提及孙武之事，却未言及他的故里。从汉代司马迁的《史记·孙子吴起列

惠民县大郭遗址出土的商代青铜虎纹鼎

36

壁画 古代练兵图

传》中我们知道"孙子武者,齐人也"。三国时期的曹操在《孙子十家注·魏武帝策》中也说:"孙子者齐人也,名武……"东汉赵晔著的《吴越春秋·阖闾内传》却说:"孙子者,名武,吴人也",说孙武是吴国人。以上相关文献记载了孙武伐楚、吴宫教战等重要事迹,但是对孙武的身世里籍却记载不详。魏晋南北朝数百年间门阀制度的确立和盛行,使得许多长期不为人知的私家谱牒应运而生,纷呈于世。这些资料的问世,揭开了孙武身世和里籍,弥补了《史记》等史料的不足。但遗憾的是,唐朝以前的私家族谱,至今却没有一部完整地保留下来。直到唐宋时期,一些典籍文献才为今人提供了有关孙武家世的宝贵材料,弥补了人们的遗憾。

孙子兵法城序厅之孙子故里

唐朝元和七年,也就是公元812年,管朝议郎太常博士林宝奉宪宗皇帝的诏令,遵照宰相李吉甫拟定的"纲纪",在大量查阅史料文献和私家族谱、考订各姓受氏之源以及诸家谱系的基础上,撰成我国第一部官修的姓氏典籍

——《元和姓纂》。《元和姓纂》参考、使用了许多珍贵著作。这是一部具有权威性官方谱牒专著，被编入清代的《四库全书》。在这部谱牒专著中的"孙"姓条下详细列出了"孙武之后"的六处郡望：乐安、东宛（应作东莞）、吴郡富春、富阳、清河、洛阳。书中以乐安为首，指示着孙武故里真正所在，为后人了解孙武的家世提供了重要依据。它是迄今我们所能见到的关于孙武故里的最早记载。

北宋嘉祐五年，也就是公元1060年，史学家欧阳修、宋祁等人撰成《新唐书》。这是中国一部重要史书，列入《二十四史》当中。《新唐书·宰相世系表》中对孙氏家世进行了综合分析和考证。由于唐代出了两个孙姓宰相，一个是高宗时的孙处约，一个是昭宗时的孙偓，这就极大地推进了对孙武身世、里籍、谱系的考证，从而把孙武故里乐安第一次写进我国官修史书。《新唐书》不仅明确指出孙武是田完的后代，其祖父田书因"伐莒有功，景公赐姓孙氏，食采于乐安"，而且上起春秋的田完，下至唐末的孙偓，一一叙录，记载了长达1800多年间孙氏家族世世代代的姓名、官职和居处。

南宋绍兴二十四年，也就是公元1154年，著名学者邓名世和他的儿子邓椿撰成《古今

惠民县出土的商周古兵器

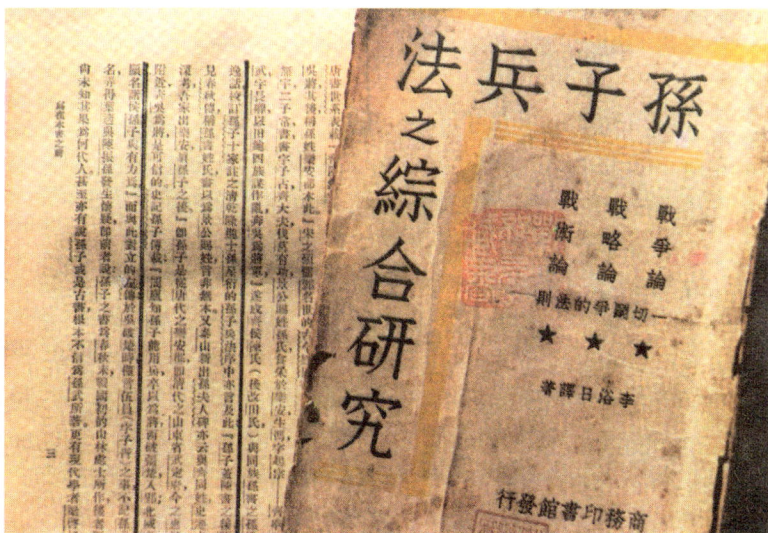

李浴日《孙子兵法》之综合研究

姓氏书辨证》，因当时各种公私谱牒仍很流行，所以再次对《风俗通》等大量诸家谱牒进行大规模的辨伪和考证，辨证颇为详明。考证结果与《新唐书》《元和姓纂》关于孙武故里和身世的记载完全符合，并将有关内容复录于《古今姓氏书辨证》之中。

以上简要历史说明，解开孙子故里千古之谜是唐朝人和宋朝人经历三百年之久艰苦探索研究的结果；孙子故里在"乐安"这个答案驱散了笼罩在孙子故里问题上一千三百年的历史迷雾。唐宋时期文献中的"乐安"，是当今的什么地方呢？

1938年著名学者李浴日在所著《孙子兵法之综合研究》一书中说："……孙子是从唐代之乐安郡，即清代之山东省武定府，今之惠民县附近，奔吴为将，是可信的。"

1939年11月，著名军事理论家郭化若在《八路军军政杂志》第一卷第十一期上刊登了《孙子兵法之初步研究》一文，在"关于孙子的历史记载"一段中，在引证《新唐书·宰相世系表》《古今姓氏书辨证》和孙星衍《孙子兵法序》等史料后指出："孙武先是齐人，原姓陈氏，后改田氏，再受赐姓孙氏，居乐安（今山东惠民县），因乱奔吴，已属可靠事实。"上个世纪三十年代两位专家在考证后提出"乐安"就是山东省惠民县。

孙子故里问题是唐、宋两代经过三百年研究的结果，"惠民说"是根据唐、宋考证的结果而得出的，也是当前多数孙子研究学者普遍的共识。

城墙东南角上的
魁星楼（摄于1936年）

第二章

兵学奥秘

商兽面铜盾饰
陕西岐山出土

人面铜盾饰
陕西岐山出土

40

牧野之战
周武王伐商的战略决战，作战中商军前徒倒戈，周因而大获全胜。

所谓兵学，用现代军事术语说，便是军事理论或称为军事学，指的是人们对于以战争为核心的军事问题的理性认识。

从氏族复仇到土地兼并、政权更替，再到大国争霸乃至于世界大战，人类社会的发展过程中，伴随着的是愈演愈烈的残酷战争。对于发生在3000多年前的商周牧野之战，史家用了四个字描述战后的惨景：血流漂杵。战国时期的秦赵长平之战，40万赵军降卒被全部坑杀。而上世纪三十年代爆发的第二次世界大战，更是史无前例的惨烈，数以千万计的鲜活的生命在战火中被吞噬。仅日本侵略者制造的"南京大屠杀"，死难者便达30多万人。二战以后，世界虽然进入了相对和平的历史时期，但局部战争一直不断。随着大规模杀伤性武器的不断发展，战争这柄高悬的达摩克利斯之剑，依然严重地威胁着人类的生存与发展。

对于战争这个魔兽，有人恐惧，有人诅咒，也有人崇尚，而兵家则以理性的态度研究它，以揭示它的规律。《孙子兵法》便是揭示战争规律的经典之作。

知胜有道

战争是有规律可循的，是可以认识的，这是孙子告诉人们的看似简单却意蕴深远的道理。在西方历史上，长期弥漫着战争不可知论的观点。即使在科学和技术已经取得了明显的进步后，战争依然被当作一门艺术而不是科学来看待，如约米尼便把自己的军事著作命名为《战争艺术概论》。中国兵学的早熟，应该说与其在战争问题上的可知论是直接相关的。

如何分析战争形势，预知战争的胜负呢？对此，不同的人，不同的学派都有各自不同的看法。

阴阳家的分析方法最为原始，也最为神秘。在他们看来，在自然之上存在着一种超自然的力量主宰着世间的一切，战争也不例外。通过龟甲、蓍草等进行占卜，便可以预知上天的旨意，预测战事的吉凶，人们只要根据上天的旨意趋吉避凶便可以了。占卜之法曾在上古时期占据着战争决策的统治地位。春秋以后虽不再占主导地位，却依然大行其道，以至于兵阴阳家俨然成为兵家的四大宗派之一。

儒家对于战争的预测最富正义感，也最为滑稽。在他们看来，战争的胜负是完全由战争的性质决定的，即所谓的"仁者无敌"。统治者只要高举"仁政"这面大旗，便可以所向披靡，无敌于天下。这当然是天方夜谭，历史上从来没有完全靠道义打赢战争的先例。

记录商朝武丁时期征伐方国的甲骨卜辞。

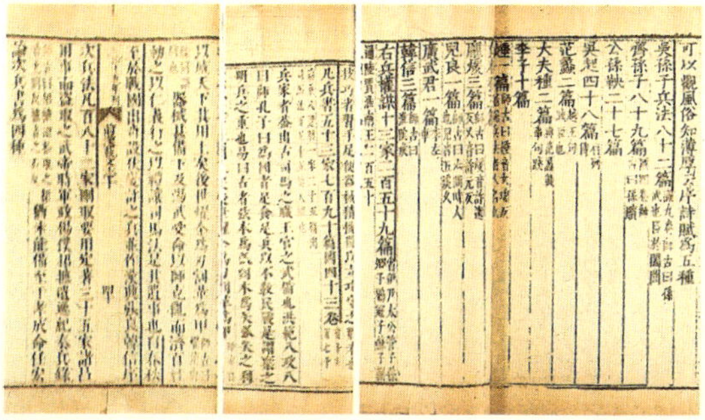

与儒家相反，法家的预测则是纯粹的力量计算。谁农业搞得好，谁就

《汉书·艺文志》关于兵书的著录书影

书中将兵家分为兵权谋、兵形势、兵技巧与兵阴阳四类。

秦始皇陵兵马俑
1 号坑兵阵全貌。

能组建一支强大的军队；有了强大的军队，再加上严刑峻法的约束，钱财官爵的激励，就没有打不败的敌人，就没有征服不了的国家。应该说，法家的预测具有一定的合理性，但真理越过一步就会成为谬误。法家由注重实力而走向单纯的迷信暴力，从而忽略了决定战争胜负的其他因素。

经过比较就会发现，孙子对于战争的预测和分析则是全面、辩证而深刻的。他认为，求助于鬼神是无济于事的，简单地照搬以往的经验也是不足取的。正确的做法是，从五个方面进行分析，用敌对双方的七种情况进行比较。这便是所谓的"五事七计"。

"五事"是指道、天、地、将、法五个方面。

道便是政治，清明的政治能够使君主与民众意志相同，全国上下齐心协力。

玉剑首
春秋晚期

玉剑格
春秋晚期

天便是天时，指时节和气候的变化。

地便是地利，指地势高低、路途远近、险要平坦、宜攻宜守等不同的地形条件。

将便是将道，要求将领足智多谋、赏罚诚信、爱抚士卒、果决勇敢、军纪严明。

法便是法制，指军队的组织编制、军需的管理等。

以上五个方面，统兵将领都必须充分了解，才能指挥军队夺取胜利。

"七计"是指从七个方面进行比较，探索敌我双方所处的情势，以预测战争的胜负。

哪一方君主政治清明？

哪一方将帅更有才能？

哪一方据有天时地利？

哪一方法令可以得到贯彻执行？

哪一方武器装备精良？

哪一方士卒训练有素？

哪一方军队赏罚严明？

通过比较，谁胜谁负就不难看出来了。

"五事七计"包括了现代意义上军事、政治、经济、文化及自然条件等诸多因素，可以说是朴素的综合国力论。这些因素是进行战略筹划的基础。由于这一筹划、决策过程是在庙堂中进行的，因此称作"庙算"。

孙子认为，前战就预计能够取得胜利的，是因为筹划周密，获胜的条件多；战前就预计不能够取得胜利的，是因为筹划不周，获胜条件少。

经过以上的综合比较、分析、判断，便不难作出正确的战略决策了。战争和任何社会现象一样，只要你认真考察，就能够掌握它的规律并进而驾驭它。

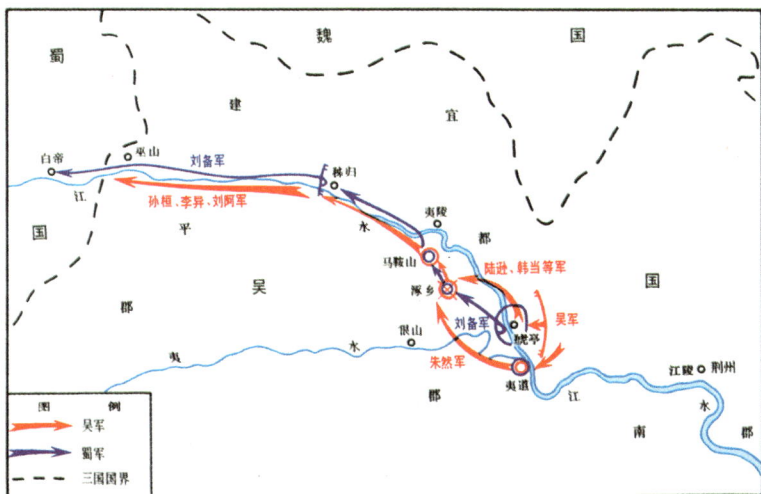

夷陵之战示意图

慎战与备战

在对待战争的态度上，先秦诸子形成了两种截然不同的观点。儒家、道家和墨家在一般意义上对战争持否定态度。道家认为，"兵者不祥之器"，从历史的角度来反对战争；儒家主张"仁者无敌"，从道德的层面持反战态度；墨家则倡导"非攻"，从仁爱的立场出发，积极从事反战事业。尽管他们反战的程度有所不同，但反战的实质则殊无二致。与此相反，法家则是战争的坚决支持者，并积极地为封建兼并战争的合理性进行理论上的论证。作为兵家战争观的代表，则是孙子所提出的慎战观。

《孙子兵法》第一篇《计篇》开宗明义地指出："兵者，国之大事也。死生之地，存亡之道，不可不察也。"

孙子告诉我们，战争是不可避免的客观实在，是不以人们的好恶而改变的。它关系到国家的存亡、人民的生死，因此必须慎重对待，积极探索战争规律，从而驾驭战争，达到"安国全军"的目的。孙子的慎战观包括两个方面的内容：

一是要慎重地进行战争决策。孙子指出："主不可以怒兴军，将不可以愠战。合乎利而用，不合而止。"战争决策是以客观分析为依据，以利害关系为原则的，绝不能感情用事，盲目行动。兴不兴师，交不交战，都必须以是否符合国家利益为基本原则，如此才

44

邮票《火烧连营》

公元222年，刘备为报东吴杀害关羽之仇，不听众多大臣劝阻，大举进攻吴国，在夷陵被陆逊火烧连营，损失了大部分兵力，从此蜀国一蹶不振。

能达到"安国全军"的目的。

中国历史上，因盲目决策而导致失败的例子可谓比比皆是。

公元221年，刘备因东吴夺荆州、杀关羽之恨，不顾诸葛亮等人劝谏，倾全国之力，亲率大军征伐东吴，结果在夷陵（今湖北宜都境内）被吴将陆逊击败，军队伤亡殆尽。刘备本人乘夜逃往白帝城（今四川奉节东），不久抑郁而终。经此一战，蜀国国力大损。后虽经诸葛亮励精图治，但三国鼎立的平衡已经被打破，蜀国之亡只是时间早晚而已。夷陵之败，根源于刘备感情用事，盲目决策，是违反孙子"主不可以怒兴军"原则所造成的。

与此相反，同样是三国时期，当诸葛亮率军北伐时，魏将司马懿根据蜀军粮运困难、利于速战的特点，实行坚壁固守，以待其变的方针，与敌周旋。为诱敌出战，诸葛亮百般设计，甚至派人送去女人的衣服以羞辱司马懿；魏军将士也不胜其愤，纷纷要求出战，但司马懿不为所动，依然

诸葛亮

三国时期的蜀国丞相诸葛亮是中国智慧的化身，是孙子所要求的五德兼备的典范。

司马懿

司马懿世家豪族出身，早年在郡中做小吏，后被曹操辟为文学掾。后，其子把持曹魏政权，并建立晋国，后将其追封为晋朝皇帝。

秦代铜戟

秦代铜铍

秦代铜剑

秦代铜钩

1937年9月25
日，八路军取得了
平型关战役胜利，
这是全中国抗日战
争以来第一个大胜
利，八路军因此战
名声大振。图为115
师指挥所。

坚持既定方针，终使蜀军的北伐无功而返。孙子说："将不可愠战"，司马懿真正做到了这一点。

二是要慎重实施作战行动。平时要有忘战必危的忧患意识，不要寄希望于敌人不来，要依靠自己做好充分的战争准备；不要寄希望于敌人不进攻，要依靠自己具有使敌人不敢进攻的强大实力。作战方案要仔细研究，尽量做到周密详备，力争"未战而庙算胜"。展开作战行动时，则要力争积极稳妥，首先使自己立于不败之地，然后耐心地等待和创造战胜敌人的时机。而要做到这一点，统兵将帅就必须通晓"战道"，即要掌握战争规律，从而驾驭战争，赢得胜利。

由此我们可以看出，孙子的慎战、备战思想，既不同于反对一切战争的纯粹的和平主义者，又有别于穷兵黩武的战争狂，而是建立在对战争及其社会功用客观认识的基础之上，通过理性的分析而得出的正确结论，其在军事学术史上的地位和价值应当给予充分的肯定。

兵以诈立

在《计篇》中，孙子提出了一个在当时可以算是石破天惊的命题——"兵以诈立"。仁与诈的对立，也成为儒学与兵学冲突的矛盾焦点。后世儒者，多以诡诈有违仁义道德为由，对孙子进行指责和批评。

那么，如何理解孙子"兵以诈立"的思想呢？

首先要看到的是，孙子的诡道理论是一定历史条件下的产物，是适应当时历史环境而提出的一种兵学理论。西周建国之初，进行了两项标志着奴隶制文明走向成熟的制度建设——封邦建国和制礼作乐。在周礼制度的规范下，即使是进行战争，也往往表现出一种温情脉脉的色彩。按照旧军礼的要求，征伐大权掌握在周天子手中，即所谓的"礼乐征伐自天子出"；兴兵作战要不加丧（即不在敌国国君或重要人物的丧期发动战争）、不因凶（不在敌国出现灾害时发动战争）；要实施"偏战"（以堂堂之阵实施正面会战），而不能采取迂回、侧击、奇袭等战术；取得胜利后，不能灭亡其国，而是讲求"存亡国，继绝世"；进入敌国，要"不擒二毛"（不俘获头发花白的老人），等等。旧军礼制度的基础，是周天子的绝对控制和奴隶制的血亲关系。平王东迁后，随着周天子权威的下降，各诸侯国为争霸权而相互征伐，军礼制度也随之走向衰微。至春秋末期，恪守军礼的传统终于被摈弃，一个"变诈之兵并作"的新时代来临了。孙子"兵以诈立"的命题正是在这样的历史背景下提出的。从理论上讲，这是对被

旧军礼扭曲了的军事规律的反正，是对战争本质属性的深刻揭示。

孙子亲自参与的吴楚柏举之战，便是其诡诈理论运用的一个典范。针对楚国地域广阔、政令不一的特点，吴国制定了"疲楚误楚"的策略，即将军队分成三支，轮番出击，袭扰楚国的一些战略要地；而当楚军大量集结后，则迅速撤离，而不与之决战。这样就使楚军疲于奔命，斗志减弱。更为重要的是，它造成了楚国决策者致命的错觉，对吴军的袭扰习以为常，见怪不怪。公元506年，吴国数万精锐突破边界重要关口，迅速挺进到汉水东岸时，楚国才明白是怎么回事，遂仓促调集兵力应战，结果在柏举大败。吴军迅速追击，连战连胜，最终攻陷了楚国都城——郢，取得了军事上的完全胜利。

其次，孙子所讲的诡诈，指的是用兵作战时对敌方采取的欺骗行动。

吴楚柏举之战示意图

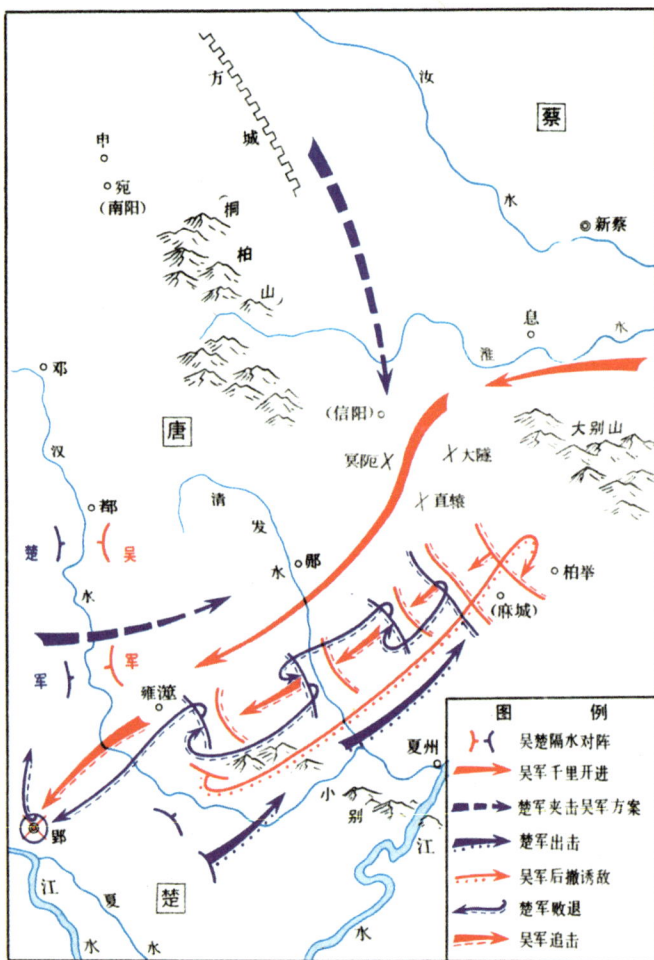

图例
- 吴楚隔水对阵
- 吴军千里开进
- 楚军夹击吴军方案
- 楚军出击
- 吴军后撤诱敌
- 楚军败退
- 吴军追击

战场交锋无规则可言，比的是谁骗得高明，骗得巧妙。具体而言，孙子将其诡道方法概括为如下几个方面：能打，却要装成不能打；要打，却要装成不要打；要向近处，装成要向远处；要向远处，装成要向近处；敌人贪利，就要用利来引诱他；敌人混乱，就要乘机攻取他；敌人力量充实，就要防备他；敌人战斗力很强，就要避开他；

南京堂子街太平天国壁画——防江望楼
大百科全书军事卷，彩色插图全集。

敌人易怒，就要设法刺激他；敌人卑辞慎行，就要设法使其骄傲；敌人休整良好，就要使他疲劳；敌人内部和睦，就要离间他。这便是所谓的诡道十二法。诡道理论的核心，便是"攻其无备，出其不意"，即在敌人没有防备的地方发动攻击，在敌人意料不到时采取行动。孙子认为，这是兵家取胜的奥妙所在，是不能预先规定好了的，完全要靠指挥员在战场上灵活运用，适时而变。

诡道理论是对战争本质属性的深刻揭示，诡道用兵也在战争领域叠放异彩，成为战争史上最为精彩的内容之一。古代战争也好，现代战争也罢，战场欺骗一直是军事家获胜的重要法宝。随着技术的进步，欺骗的手段在不断更新，但其实质则是永恒的，即孙子所说的"攻其无备，出其不意"。齐魏马陵之战，孙膑减灶诱敌，设伏击败庞涓统率的魏军，已经是大家耳熟能详的故事了。

最后需要指出的是，孙子的诡道理论是指战争领域的特殊规律，这一规律对其他领域并不完全适用。即使是军事领域本身，对象不同，也应该采取不同的方法来对待，如在军队内部，孙子强调统兵将帅要讲求诚信，爱护士卒，做到"与众相得"，从而维护内部的团结，提高整个军队的战斗力；在国家内部，则要清明政治，"令民与上同意"，创造一个

50

和谐的内部环境；对待盟国也必须讲求诚信，以获得良好的信誉，赢得盟友的支持。明代哲学家李贽认为，《孙子》的思想是仁与诈的统一，与儒家的《六经》"同仁义一原之理"，这是很有道理的。

知的智慧

孙子提出了优秀将领的五个基本条件：智、信、仁、勇、严，即所谓的"五德"。将智列于首位，足见其对将帅智慧的高度重视。孙子这里所说的"智"，并不是后世文学作品中描述的"锦囊妙计""眉头一皱，计上心来"之类，而是建立在充分了解敌我双方以及自然条件的基础之上

的。

　　孙子指出，贤明的君主、优秀的将领，能够做到战则必胜，获得非凡的成功，是因为预先洞察敌情，全面掌握了各方面的情况。也就是说，信息乃是军事行动的基础，是战场决胜的先决条件。

　　为了全面掌握作战信息，孙子十分重视情报工作，在《孙子兵法》中专门列了《用间篇》加以详细的阐述。孙子将间谍分为因间、内间、反间、死间和生间五种，主张广派间谍以充分了解敌情。在情报工作上，孙子是不惜血本的。他认为，那些爱惜爵位和金钱，不肯把它用在了解敌人情报上的人，是不仁到了极点。这样的人是不配做军队的统帅的，也根本不能成为胜利的主宰。除了通过间谍了解敌情外，孙子还提出了相敌之法，即通过观察、了解各种征候、情况，正确地分析和判断敌情。

　　当然孙子要求将帅掌握的信息，并不只是敌情，还包括己方的情况及天时、地利等自然因素。只有及时全面地掌握情报，才能作出正确的决策并进而赢得战争的胜利。于是便有了著名的论断："知彼知己，胜乃不殆；知天知地，胜乃不穷。"

　　历史上，大凡成功的战略决策和作战行动，都是建立在对信息充分掌握的基础之上的。

　　楚汉战争前夕，大将军韩信向刘邦呈上了一份可以称为"战略咨询报告"的对策——《汉中对》，对楚汉双方的战略态势进行了详细的分析，预测了双方战争的基本走向。韩信曾在项羽手下任职，对楚军的情况及项羽本人的性格有着深入的了解。他指出，项羽的强大只是表面现象，他的"勇"只是没有头脑的匹夫之勇，他的"仁"是放弃原则的"妇人之

草船借箭
　　三国赤壁之战时，诸葛亮利用船上的草人，在长江江面骗得曹操的数十万枝箭，为孙吴战胜曹魏奠定了基础。（三国演义故事）

仁"，他的"强"也只是百姓慑于淫威而不得不依附的蛮横强梁，迟早会走向自己的反面。

古汉台
刘邦在汉中的王宫遗址。

如果刘邦能够反其道而行之，任用天下英豪，舍得花大本钱调动文武官员的积极性，利用汉军将士渴望东归的心理，加上在关中时与百姓"约法三章"而赢得的民心优势，一定可以还定三秦，逐鹿中原。韩信的《汉中对》正是建立在对各方面信息全面掌握和正确判断基础上而提出的战略性决策。事实的发展印证了《汉中对》的正确性，经过四年的楚汉相争，刘邦终于击败项羽，建立了汉王朝。

第二次世界大战初期，法国艾仑赛元帅自恃坚固的马奇诺防线，狂妄自大，声称当时的德军将领"在第一次世界大战中，没有一个曾经做过比上尉更高的官职，这是德军的一个大弱点"。很快，艾仑赛元帅便为自己的既不知彼也不知己而付出了惨重的代价，法国军队在德军的进攻面前丢盔弃甲，迅速溃败，而指挥德军的正是他不屑一顾的那些一战时期的中尉、少尉们。孙子说："不知彼，不知己，每战必殆。"法国的失败是足堪教训的。

时移事易，孙子提出的五间理论自然已经不能适应现代的战争，但他对"知"的强调，对信息重要性的认识，依然闪耀着真理的光芒。对于孙子的知胜思想，一代伟人毛泽东给予了极高的评价："孙子的规律，'知彼知己，百战不殆'，仍是科学的真理。"

在信息化时代的今天，孙子的知胜思想更加引起世人的关注。随着技术的进步，各种信息获取、分析以及侦察与反侦察的手段不断出现，信息战已成为一种独立的作战样式，并将在未来战争中发挥越来越重要的作用。海湾战争以后的几场局部战争和武装冲突，已经充分显示出信息

《蒙古袭来绘词》中
元军作战的画面

战的重要性。目前,各国的军队建设中,无不把信息化放在首要的位置。

力的艺术

取得战争胜利的决定性因素是什么呢?这是研究战争必须面对的一个根本性问题。后人说,孙武尚智。这话没有错,但不够全面。在孙子看来,智与力是同一事物的两个方面,在战争中是缺一不可的。决定战争胜负最根本的因素是实力。

诚然,历史上总有弱小的军队战胜强大的敌人,但这是不是说智慧比实力更重要呢?当然不是。孙子告诉我们,实力是进行战争的基础。如果没有雄厚的经济实力,靠什么去打仗呢?如果没有一支强大的军队,你的计谋再好,靠谁去实现呢?实力是如此的重要,以至于孙子单独写了《形篇》来讨论战争实力问题。在孙子看

商鞅
战国中期政治家。姓公孙,原名卫鞅,卫国人。

54

来，真正的智慧，是建设实力的智慧，是巩固实力的智慧，是运用实力的智慧。只有这样的智慧，才能称得上是大智慧。如果离开了实力谈智慧，便是无源之水，无本之木，充其量也只是小聪明而已。

怎么发展自己的实力呢？孙子认为，首先是要修明政治，保障法制，以加强国家的综合力量；其次是要发展经济，保障战争的物资供应；再次是要加强军队建设，任用优秀的将帅，搞好军事训练；最后就是通过战胜敌人来发展壮大自己。善待降俘，可以补充我的兵员不足；缴获敌人的物资，可以用来补充我的供应。这便是所谓的"胜敌而益强"。

战国时期，各国为增强实力，相继进行了军事改革。秦国之所以能消灭山东六国，统一天下，究其原因，最根本的一条在于得益于商鞅变法。与其他各国人在法在、人亡法亡的情况不同，商鞅变法以法律的形式将变法的内容固定了下来。后来商鞅虽遭车裂，但其变法的成果犹在，从而使秦国实力不断增强，奠定了秦始皇统一中国的基础。

西汉初期，由于连年战争，经济遭到巨大的破坏。面对匈奴的侵犯，汉高祖刘邦倾全国之力迎战，结果在白登被围，幸赖陈平设计，才脱离危险。后来西汉意识到自己的实力不足，转而采取和亲的政策。后经文、景之治，西汉通过几十年的努力，着力于发展经济，加强国力，致使实力大增。特别是西汉朝廷采取了鼓励养马的政策，取得了明显的效果，终于建立起了一支足以与匈奴抗衡的骑兵部队。至武帝时，西汉终于开始战略反击。可以说，正是几十年的实力建设，铸就了汉武帝北击匈奴的辉煌。

至于实力的运用问题，则是整部

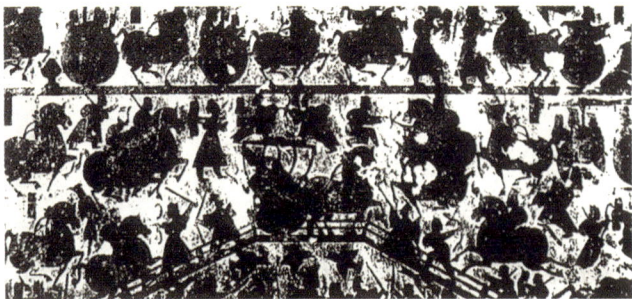

东汉水陆攻战画像石（拓片）

出自山东嘉祥武梁祠。它刻绘了当时作战的形式和使用的兵器，有铁钩镶、戟、弩、箭、盾等。

西汉铁铍

山东临淄齐王墓出土。西汉军队有"长铍都尉"一职。

《孙子兵法》要讨论的主体内容。孙子提出的诸如强攻弱守、避实击虚、出奇制胜、兵贵神速、积形造势等兵法原则，都是围绕着实力的运用而展开的。对此我们将在下文逐渐地展开。

必须看到，关于战争中智与力的关系问题，后世兵家多有走入歧途者，致使诸如"贵谋而贱战""攻人以谋不以力，用兵斗智不斗多"之类的种种论调大行其是，成为传统军事文化中的一大弊端。时至今日，这一论调依然有着很大的市场。这方面最典型的例子，便是将《三十六计》等同于《孙子兵法》。这不仅割裂了《孙子兵法》的理论体系，也降低了传统军事文化的声誉，是十分不足取的。孙子将实力看成是运用计谋的基础和前提条件，是一个很了不起的见解。没有实力做基础，任何事情都是做不成的。以刘备之礼贤下士，诸葛亮之足智多谋，关、张、赵之勇猛善战，亦不足以改变三国最终统一的走向。这也从一个侧面证明了孙子战争实力论的正确性。

应该看到，随着技术的进步，社会的发展，战争形态也在发生着相应的变化。从春秋时期的车战，到大规模骑兵集团的运用，再到机械化战争和当今的信息化战争，军事领域已发生了翻天覆地的变化。然而，无论战争形态如何变化，实力的建设永远是取得战争胜利的基础，这一点是永远不会变的。

总之，在智与力的建设上，要两手抓，两手都要硬。忽视实力的建设在中国历史上已经有过太多的先例。落后就要挨打，是近代中国给我们留下的血的教训。对此，孙子给我们提供了正确的思维方式，足堪借鉴。

兽面纹管钺
钺是一种古代兵器，也是权力和实力的象征。

势险节短

形成了强大的实力，具备了战胜敌人的条件，就一定能取得作战的胜利吗？答案当然是否定的。孙子认为，军事实力只有转化成有利的作

战态势，才能发挥作用，并最终赢得战争的胜利。

善于指挥军队作战的人，所造成的态势是十分险峻的，发起攻击的节奏是短促有力的。这便是孙子所说的"势险而节短"。对此，孙子是用比喻的方式来解释的。他说，湍急的流水奔流而下，甚至可以使石头漂浮起来，这就是"态势"。矫健的雄鹰急速俯冲而下，便能够扑杀鸟雀，这就是"节奏"。险峻的态势如同拉开的弓弩，短促的节奏就好比击发的弩机。

因此，善于用兵的人，从不苛求于人，而是想方设法地去利用和创造有利的作战态势。他们指挥军队作战，就如同滚动木头和石头一样。木头和石头的特性是，放在安稳平坦的地方就静止，放在陡峭险峻的地方便会滚动；方的容易静止，圆的宜于滚动。

孙子自然不懂力学，但他对势与节的认识，却是完全符合力学原理的。按照物理学的原理，物体的动能表述为：$E=\frac{1}{2}mv$。如果把孙子所说的态势比作动能的话，则这种态势正好与物体运动的速度成正比。所谓势险，就是指军队行动时能够迅速地转化为强大的动能。物理学的另一个公式：$mv=ft$。其含义是，同样的质量和速度，物体做功时，作用时间越短，产生的冲击力就越大。孙子所说的"节短"，正是这一原理在军事领域的体现。近战曾长期是我军克敌制胜的法宝，其之所以屡屡见效，就是因为它符合孙子所说的"节短"原则。

秦朝弩机

孙子进一步指出，军队的严整或混乱，决定于组织编制的好坏。将士的勇敢或怯懦，决定于作战态势的优劣。部队的强大或弱小，决定

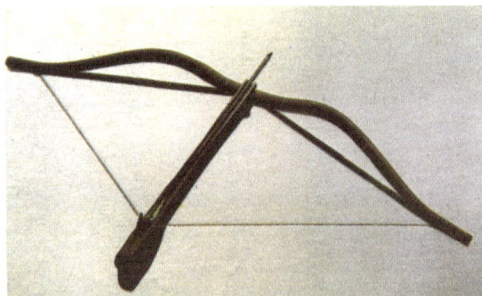

宋代三弓床弩

人民解放军布置的假炮兵阵地。

于双方实力的对比。要创造有利的作战态势，就必须设法调动敌人。用假象来迷惑敌人，敌人就会上当受骗。用小利来引诱敌人，敌人便会前来争夺。敌人为利所诱，前来争夺，我便预备重兵伺机破敌。这样有利的态势便形成了。因此，善于用兵的人所创造的有利态势，就如同把圆石从高山上滚下来。这样便可以说把握了"势险节短"的要旨了。

德军闪击波兰，是第二次世界大战的序战。如果撇开战争的性质来看，很接近孙子"势险节短"原则。1939年4月11日，希特勒正式批准闪击波兰的"白色计划"，德国开始了全面的战争准备。为达成战略进攻的突然性，希特勒在政治、军事、外交上展开了全方位的战略欺骗，以麻痹波兰及其盟国。在和平、友好烟雾的掩护下，武装到牙齿的德军以"秋季演习""野营训练""召开庆祝大会"的名目，神不知鬼不觉地完成了兵力的集中与展开。当时德国共有101个陆军师，4000余架作战飞机，而集结于德波边境的便达到62个师和2000多架飞机，形成了绝对有利的作战态势。战争发起后，德军通过大规模、不间断的空袭，迅速击垮了波兰军队的指挥、交通体系，完全夺取了制空权。与此同时，坦克集群展开了不间歇的快速进攻，使波军根本来不及组织有效的抵抗。就这样，从战事开始算第27天波军全军覆灭，第32天，波兰全境陷落。闪击战确实是孙

德国空军轰炸华沙资料照片。

子"势险节短"原则在现代战争条件下的绝佳体现。

胜于易胜

孙子指出，预见战争的胜负不能超过一般人的见识，远远谈不上高明。通过激烈的战斗而取得胜利，即使天下人都说好，也根本谈不上善战。

那么怎么样才是真正的善战呢？

孙子指出，古时候所说的善战者，总是战胜那些容易战胜的敌人。这话听起来可能有些费解：敌人容易战胜，还谈得上什么善战呢？且看孙子的分析。他指出，真正的善战者，首先要使自己立于不败之地，然后再寻求战胜敌人的机会。他们总是想方设法，在决战的时候使敌人处于十分不利的地位。因此，善战者打胜仗，从不需要显示奇特的战法。他们既没有睿智的名声，也没有勇武的战功。为什么会这样呢？是因为，他们的胜利是不会出现差错的。之所以不会出现差错，是因为他们的措施必然会导致胜利，战胜的是已处于失败境地的敌人！真正的善战者，是在战前便创造了战胜敌人的条件，因此在一般人看来，胜利的取得便是很容易的了。

基于以上分析，孙子指出，胜利的军队是先有了取胜的把握，然后再寻求与敌人交战；而失败的军队则是先盲目交战，然后企图在作战中侥幸获胜。

西晋灭吴，是中国历史上成功跨越长江天险，完成统一大业的典范，也是对孙子"胜于易胜"思想的成功运用。这场战争的真正策划者，是羊祜。在镇守襄阳时，他一方面积极发展生产，训练军队；另一方面采

邮票——赤壁鏖兵

公元208年隆冬，孙权、刘备联军成功利用天气条件在赤壁（今湖北蒲圻西北）火烧曹操军队战船和营寨，大败曹操数十万大军。自此，三国鼎立的局面初步形成。

取攻心之策，致使吴人归降的越来越多。鉴于曹操赤壁之战因军队不习水战而失败的教训，羊祜建议晋武帝司马炎，以王浚为益州刺史，负责制造船只，训练水师。公元276年，羊祜上《平吴疏》，在分析敌我双方作战态势的基础上，提出了水陆俱下、六路并进的作战计划。公元279年，晋军按照羊祜的计划，以摧枯拉朽之势，一举灭吴，实现了国家的统一。可以说，是战前一系列充分的准备，使晋军造成了对吴作战的"胜于易胜"之势，从而保证了统一战争的胜利。在庆功宴上，司马炎感慨地说："这是羊太傅的功劳啊！"

西夏文《孙子兵法》

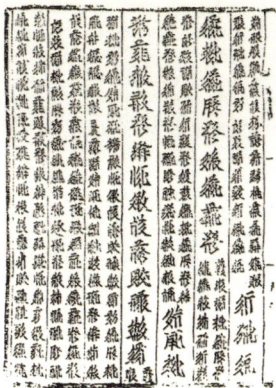

满汉文《孙子兵法》

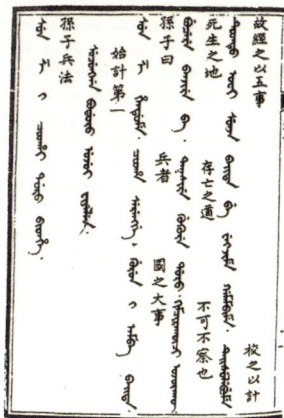

美军在发动伊拉克战争前，进行了精心的准备。对于参战的主要装备，如直升机、坦克等，事先都进行了适应沙漠作战的改造，并对参战部队作了各种适应性的训练。不仅如此，美国还不惜重金，通过间谍收买了许多伊拉克共和国卫队的高官。据后来情报的解密，正是由于这些官员的倒戈，才使人们普遍认为的巴格达巷战没有出现。美军伊拉克战争的全胜，可以说是孙子"胜于易胜"思想在现代战争的运用。

孙子的这一思想，用现代军事学的术语来说，就是不打无把握之仗。战争靠的不是匹夫之勇，重要的是进行战前的谋划，做到未战而先胜。如果把握了这一点，便可以达到胜于易胜的效果了。因此真正的善战者指挥军队作战，就像在万丈悬崖上决开积水一样，谁

赤壁之战旧址

能够抵挡呢？

从这里我们可以看到，孙子对军事问题的认识是何等的深刻！他往往能够突破固有的思维定式，提出发人深思的见解。

用兵至境

在一般人的心目中，作为将领如果能够百战百胜，立下赫赫战功，那肯定是很威风的了。然而，孙子却指出，百战百胜虽然难得，却还不是用兵的最佳境界。

有人一定会问：还有比百战百胜更高明的吗？孙子指出，那种不经过具体的战斗而使敌人屈服，从而达到自己的目的，才是理想的用兵境界（不战而屈人之兵，善之善者也）！

孙子将用兵分为几个层次：上策是挫败敌人的战略谋划，从而达到不战而胜的目的（伐谋）。其次，是挫败敌人的外交行动，瓦解敌方联盟，使之难以对我形成有效的威胁（伐交）。再次，是在交战中击败敌人的军队（伐兵）。至于攻城掠寨（攻城），那是不得已的下策！因此，他主张要用全胜的战略来争夺天下。这样，军队不疲惫，而胜利却能够完满地获得，这就是谋攻的法则。

对于孙子的全胜战略思想，一些学者曾持否定的态度，认为战争是矛盾激化到一定程度，利用政治等其他手段无法解决时的产物，一旦战争爆发，所谓"不战而屈人之兵"只能是一种幻想。据此认为，孙子的全胜思想乃是唯心主义的杂质。其实，这是曲解了孙子的原意。孙子将全胜作为一种战略追求，并非不要一切战争，整部兵书的主要内容，讲的就是如何获取战争的胜利。在《孙子兵法》中，与"全"相对应的范畴是"破"。孙子的全胜思想是有层次的。最好的结果当然是使敌国整体降服。其次，可以谋求使敌国的军队整体降服。再次，可以谋求

商代铁刃铜钺

使敌军的一个"旅"整体降服。接下来，可以谋求使敌军的一个"卒"整体降服。最后，甚至可以谋求使敌军的一个"伍"整体降服。总之，就是要用最小的代价换取最大的胜利。军、旅、卒、伍都是当时军事的编制单位。从这里可以看出，孙子认为，全与破既彼此独立，又密切相关，全中有破，破中有全；在一定的条件下，甚至可以以破求全。同时，还要看到，全胜的战略是以强大的实力为基础的，因此，虽然彻底的全胜在现实中并不容易实现，但这并不妨碍我们进行全胜的战略追求。事实上，不战而胜的例子虽然鲜见，却绝非没有。

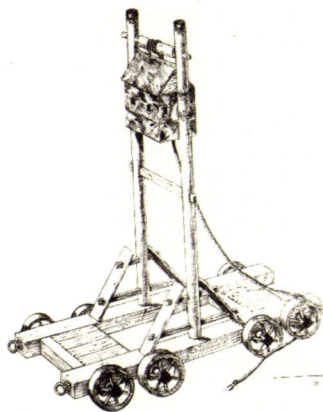

古代攻城器械图

楚汉相争时期，韩信在楚、汉两军相持不下的情况下，奉命率军开辟北方战场。短短几个月内，韩信率军破魏，下代，灭赵，取得了辉煌的胜利，一时名声大振，威震诸侯。击灭赵国后，他虚心向赵国的谋士李左车请教下一步的方略。李左车指出，将军连战连胜，声威日著，这是您的优势。但汉军连战已十分疲惫，赵国又人心未稳，这是您的劣势。如果在此情况下率军攻燕，实为下策。不如借战胜之威，派善辨之士出使燕国，陈说利害，这样燕国便可以不战而下。韩信听了这番话，对李左车的见解十分佩服，并立即着手执行。燕国果然迫于汉军的威势，不战而降。

李左车

对于孙子的全胜战略，英国战略家、《战略论》一书的作者利德尔·哈特给予了高度的评价，并自称他的"间接路线战略"乃脱胎

于孙子"不战而屈人之兵"的战略思想。核武器出现后，特别是近年来随着精确制导武器的发展和经济一体化时代的到来，孙子的全胜思想越来越受到人们的重视。历届"孙子兵法国际研讨会"，它都是讨论最热烈的一个话题。

最后需要指出的是，孙子提出"不战而屈人之兵"是作为一种理想的用兵境界来追求的，孙子本人并不否认"战胜"，而是将二者有机地结合在了一起。一部《孙子兵法》其主要内容还是讨论如何战而胜之的。因为，孙子清醒地认识到，全胜虽然美好，但这是可遇而不可求的，多数情况下，战胜才是现实。在孙子的兵学体系中，全胜与战胜是浑然天成、融为一体的。在这里，孙子实现了兵学理论中理想主义与现实主义的完美结合。

韩信（？—前196），秦末汉初军事家。

攻虚击弱

坂下遗址

韩信率军袭击项羽后路，不久率军与刘邦会合，击灭项羽于坂下。

用兵作战的核心问题是什么？孙子告诉我们，是虚实问题。

用兵如同流水一样，水的流淌，是避开高处而流向低处；兵力的运用，则是避开敌人力量强大的地方而进攻它的薄弱环节。

那么，什么是虚？什么是实呢？我们可以从如下几个方面来理解：

就军队实力来说，强者为实，弱者为虚。就精神状态来说，勇者为实，怯者为虚。就管理情况来说，治者为实，乱者为虚。就休整状况来说，逸者为实，劳者为虚。就准备情况来说，有备为实，不虞为虚。如此等等。

有人不禁要问：战场上为什么总是表现为虚实呢？我们不妨以军队实力来加以说明。军队的数量总是有限的。如果防备了前面，后面的兵力必定薄弱；如果防备了后面，前面的兵力必定薄弱；如果防备了左边，右边的兵力就会薄弱；如果防备了右边，左边的兵力就会薄弱。一支军队，如果无所不备，则处处都会兵力薄弱。因此，战场上总是表现为种种不同的虚和实。能够正确判断虚实之势，便掌握了用兵的关键。

那为什么一定要攻虚击弱呢？运用兵力攻击敌人的坚实之处，很难获得成功，一旦损兵折将，则敌人的薄弱之处也会变得坚实起来。相反地，如果攻击敌人的薄弱环节，则能够迅速获得成功，从而引起连锁反应，使敌人的坚实之处也变得薄弱起来。因此，用兵作战，道破玄机，不外"攻虚击弱"四个字而已。

"攻虚击弱"的军事谋略对后世影响极大。

战国时候，孙膑与田忌谈用兵时指出："用兵的关键，在于一定要攻击敌人不防守的地方。"千余年后，李世民与李靖讨论兵法时说道："我看现在的兵书战策，没有能超过《孙子》的，而《孙子》十三篇，最重要的莫过于《实虚》了。用兵作战如果能认清虚实之势，便不可能不取得胜利啊！"我们知道，由于《孙膑兵法》的失传，李世民是不可能看到这一兵书的。但两个人在这一问题上的观点如此相似，可谓英雄所见略同。

李靖（李卫公）

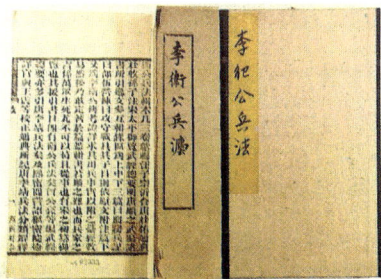

《李卫公兵法》书影

明白了为什么要攻虚击弱，如果进一步思考，就会发现，敌人可能有很多虚弱之处，我方该击向何处呢？其实，所谓"攻虚击弱"，并不是逢虚就击，而是要攻击敌人足以影响全局的关键而

虚弱的环节，这样才能牵一发而动全身。如果所击不是敌人的关键环节，则可能为敌所乘，导致作战的失败。

高明的将帅指挥军队作战，就像是以石击卵一样，这正是懂得虚实妙用的结果啊！

可是，对于自己的要害部位、关键环节，敌人总是想方设法地加强防备，使之处于坚实的状态，怎么可能虚弱呢？这需要发挥人的聪明才智，巧妙地实现虚实的转化，达成关键战场上的以实击虚。

敌人处于安逸的状态，我便设法使其劳顿。敌人占据有利地形，我便设法将其调离。敌人粮草充足、补给良好，我便设法破坏他的补给线，使之出现困难。总之，善于作战的人，总是能够调动敌人而不被敌人所调动，因此才能掌握战场的主动权。

那么，敌人怎么才能听从我的调动呢？孙子指出，用兵作战的根本动因，是对利益的争夺。我诱之以利，敌人就会前来争夺。战场较量就是双方将帅各自比拼骗术，谁骗得高明，骗得巧妙，谁便能赢得主动。敌人一旦为利所诱，其虚实状况必然发生变化，我便可以有隙可乘，实现关键战场的以实击虚了。

如果敌人坚持已有的部署，不为利诱，又该怎么办呢？这时候就要派出军队攻击敌人不得不救援的地方（攻其必救），这样就不愁敌人不被我调动了。战国中期，孙膑率齐军直趋魏都大

孙膑与庞涓

两人为同门师兄弟，共同拜师鬼谷子学习兵法、共同辅佐魏国魏惠王。由于庞涓嫉贤妒能，诬陷孙膑，使孙膑蒙受膑刑之辱。后孙膑率齐国军队在马陵（今山东郯城）打败庞涓率领的魏军，杀死了庞涓。（李学辉绘）

梁（今河南开封），便是攻其必救的典型战例。魏军统帅庞涓不得不撤邯郸之围，率军回救，结果在桂陵遭到齐军的伏击而大败。这便是成语"围魏救赵"的来历。

孙子认为，佯动示形的最高境界，是使敌人看不出任何的形迹。如此，即使隐藏再深的间谍也探不到实情，再聪明的敌人也想不出对策。"示形动敌"以改变虚实状态确实是用兵作战最精彩之处。

解放战争期间，蒋介石在第一阶段的全面进攻失败后，转而实施"哑铃式"的重点进攻计划，即以重兵进攻党中央所在地陕北和我军的主要根据地山东。针对这一情况，毛泽东决定解放军转入外线作战，把战火引向敌占区，而战略方向便选在敌人力量薄弱的中原地带，于是便有了刘邓大军千里挺进大别山的壮举。可以说，这是战略意义上的击虚。这一行动扭转了整个战局，是解放战争时期一个关键的转折点。

同时还要看到，避实击虚不仅表现在攻击目标和攻击方向的选择上，而且还表现在攻击时机的把握上。其指导思想是：避免与士气高涨、斗志旺盛的敌人进行正面的交锋，而是要通过各种手段，瓦解敌人的士气，消磨敌人的斗志，待其士气低落、军心涣散或处于懈怠、无备状态时再发起猛烈的进攻，这便是孙子所说的"避其锐气，击其惰归"。

奇正相生

孙子指出，三军将士遭到敌人的攻击而不会失败，靠的就是对"奇正"的运用。那么奇正到底是怎么回事呢？奇正的概念源于方阵的阵法变换。在五军阵中，前后左右四个方阵称为正兵，而当正兵向四隅机动

时，便成了奇兵。

孙子的贡献在于，他将这一源于阵法的概念引申到整个用兵作战的领域，给它赋予了广泛的含义。概括地说，奇正是两种相互对立又表现出互动关系的作战方式。在一般情况下，就兵力部署来说，正面当敌的主力称为正，而担任迂回、侧击、佯攻的偏师则是奇。就作战的形式来说，按照一般的兵法原则行事便是正，根据具体情况灵活变通则是奇。用兵作战必须有正有奇，活用奇正，这样才能取得作战的胜利。

如果奇正理论仅止于此，那就没有什么深奥的了，也就容易掌握了。然而，事实并非如此。对于奇正，向以言简意赅著称的《孙子兵法》，竟然用了一连串的比喻来加以解释：善于出奇制胜的人，他的战法变化就像天地那样不可穷尽；就像江河那样奔流不息，永远不会枯竭。你看，终而复始，日月就是这样运行的；死而复生，四季就是这样变化的。乐音不超过五个音阶，但五个音阶的变化是听不胜听的；颜色不超过五种原色，但五种原色的变化是看不胜看的；滋味不超出五种味道，但五种味道的变化是尝不胜尝的；作战方式不过奇正两种，但奇正的变化是无穷无尽的。在孙子看来，奇正的变化就像圆环一样，无始无终，难以穷尽。那么，奇正的奥妙到底在哪里呢？孙子告诉我们，奇正运用的关键不在于对守常原则的把握，而在于对变通原则的灵活运用。其核心在于一个变字。

一般情况下，用兵作战是要以正兵挡敌，用奇兵取胜。但当敌人把注意力集中到我的奇

吴王夫差铭文

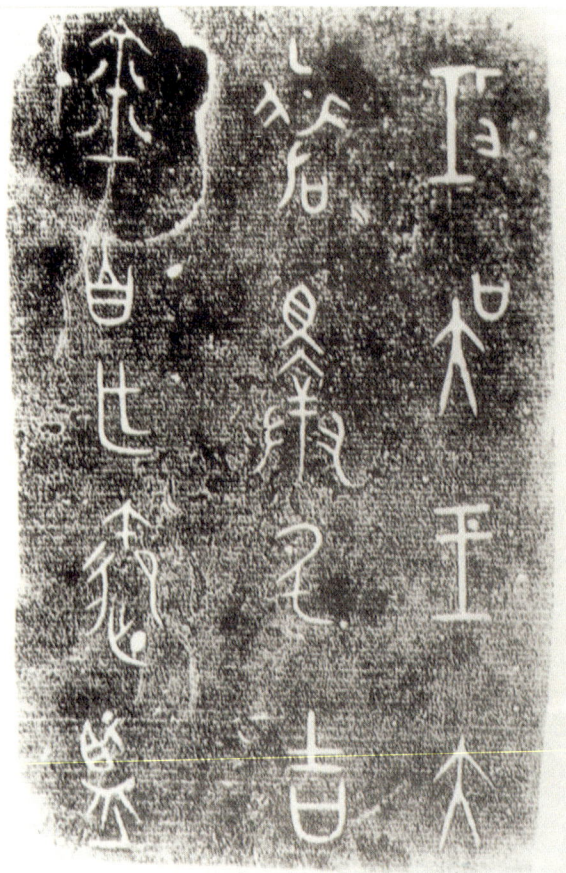

兵圣图
苏州·红木
浮雕

兵时，我便用正兵攻击它。这时候的正兵便成了制胜的奇兵。因此，善用奇正的人，无处不是正，也无处不是奇。所谓出奇制胜，最根本的一点就是要出敌意料之外，从而打乱敌人的部署，并赢得作战的胜利。

奇正理论的活力在于，它给作战理论提供了广阔的发展空间。随着技术的进步，出奇的手段不断地发生着相应的变化。但万变不离其宗，孙子关于奇正相生的理论，在现代战争中依然充满着活力，出奇制胜永远是兵家获取胜利的看家手段。

兵贵神速

军队行动，最重要的是什么呢？孙子给出的答案是两个字：速度。

有趣的是，孙子的速决论首先是从战争所需要的巨大的经济消耗这一角度提出的。他认为军队出征在外，国家和民众都要承受巨大的经济负担，如果不能速战速决，一旦陷入旷日持久的情况，国家的财政便会

英军在1916年
索姆河会战中首次
使用坦克。

67

68

匮乏。财政枯竭便会加重赋税，这样就使百姓的生活更加困难。如果军队疲劳、供应不足，国家经济又出现困难，那么其它的诸侯国便会乘机前来进攻。在这种情况下，即使有足智多谋的人，也难以挽回危局了。因此，得出了"兵贵胜，不贵久"的著名结论。这可以说是从战略上强调军队的速胜。

在战术层面上，孙子认为，用兵作战，无非是以巧打拙，以快打慢。如果军队行动迟缓，再高明的计谋也难以实施，再周密的计划也将会落空。事实上，孙子提出的许多用兵原则都是以速度为基础展开的。

比如出奇制胜，目的就是要出乎敌人的意料之外，从而打乱敌人的部署。如果军队动作缓慢，尚未展开行动便被敌人发觉，还谈什么出奇呢？再如攻虚击弱。我方通过一系列的示形诱敌才使敌人暴露出弱点，如果不能实施快速有效的攻击，敌人便会调整部署，使虚弱之处变得坚实起来。这样避实击虚便无从实现了。

因此，高明的将帅总是利用快速的行动，乘敌人来不及反应，攻击其疏于戒备之处。

战场形势瞬息万变，机会稍纵即失，没有快速的行动，怎么能行呢？

在"丘牛大车"的春秋时期，孙子提出兵贵神速的概念，是一个很了不起的创见。随着时代的进步，孙子的这一思想不断被赋予了新的内容。从冷兵器时代对骑兵集团的重视和运用，到第二次世界大战时的"闪击战"理论，再到当今快速反应部队的组建，都可以看到孙子影响的痕迹。

春秋战车图

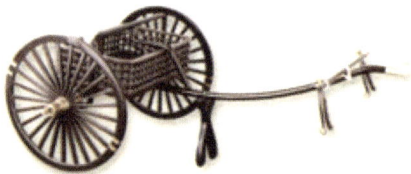

车战时代的战车与甲士

铁路军事运输

灵活用兵

书影

一部《孙子兵法》，提出了许多的用兵原则，依照这些原则去打仗，就一定能取得作战的胜利吗？当然不是。孙子还告诉我们，兵法原则只是告诉你行军打仗的一般规律，如果死守这些原则，是没有不打败仗的。只有根据具体情况进行变通，灵活运用这些原则，才能取得胜利。

历史上，熟读兵书而不能灵活运用，鲜有不败者。这方面最典型的例子，莫过于战国时期赵国的赵括和三国时期蜀国的马谡。赵括自幼便爱好兵法，不仅喜欢记诵兵法中的词句，而且善于运用兵法原则分析事物，极具辩才，就连他的父亲、赵国名将赵奢都辩他不过。然而，就是这个熟读兵法的赵括，导致了长平之战的失败，使赵国40万大军全军覆灭。与赵括类似，马谡也是熟读兵书，而且自视甚高。诸葛亮第一次北伐时，他主动请缨，要求防守街亭，结果由于死守兵法原则而被魏将张郃击败。这些事例说明，变通乃是用兵的灵魂。

实施变通的主要依据是什么？孙子告诉我们，战争是活力的对抗。敌情不同，所采用的战法也必须发生相应的变化。水流由于地势的高低而不同；用兵根据敌情的变化而变化。流水没有固定的形式；用兵也没有一成不变的战法。能够根据敌情的变化而采取不同的战法获胜，才称

战国时期秦虎符
　　虎符是古代皇帝调兵遣将用的兵符，用青铜或者黄金做成伏虎形状的令牌，劈为两半，其中一半交给将帅，另一半由皇帝保存，只有二者合一，才可以调兵遣将。

得上是用兵如神。

　　韩信被誉为中国历史上的第一名将，他指挥作战便深得孙子灵活用兵思想的精髓。楚汉相争时期，韩信奉命开辟北方战场。其间，他一共指挥了三次江河作战，每一次都根据具体的情况灵活地采取不同的战法。第一次与魏军隔黄河对峙，他采取虚张声势，声东击西的办法，令一部伐木造船，造成准备抢渡的假象；暗率主力于下游以木罂渡河，从背后发起攻击，大败魏军，擒魏王豹。第二次，他在井陉背绵蔓水列阵，将军队置于死地，致使将士人人死战，个个拼命；又预伏奇兵，偷袭赵营，终于大败赵军，俘赵王歇。第三次，韩信与齐、楚联军隔潍水对阵，他令人先用沙袋截住水流，然后涉水到东岸与楚将龙且交战。韩信佯败退回西岸，待楚军涉水追击时，汉军突然掘开沙袋，致使潍水暴涨，将楚军冲成两段。韩信乘机挥军猛攻，全歼西岸的楚军，并乘胜渡河，大破

西魏重装骑兵和
步兵战斗图

东岸齐楚联军，取得了潍水之战的全面胜利，并很快平定了齐地。三次江河作战，韩信皆能因地制宜，灵活变化，反映出其高超的指挥水平。孙子说"战胜不复"，韩信可以说真正做到了这一点。

变通思想，贯穿于整部《孙子兵法》之中。孙子认为，为将者只有"通于九变之利"，才能算是真正掌握了用兵的规律。因此，任何的兵法原则都有例外，只有变才是永恒的。有的道路可以走而不去走；有的敌军可以打而不去打；有的城邑能够攻占而不去攻占；有的地方能够夺取却不去夺取；有的时候，即使是君主的命令也可以不去执行。凡此种种，都是根据具体情况而灵活变通的结果。

必须指出，孙子强调变通，并不是一味地要标新立异，而是灵活用兵必须建立在对一般规律完全掌握的基础之上。

北宋时期，有一次岳飞率兵出征。临行前，宗泽按照惯例授予岳飞阵图，要他按图列阵迎敌。这时，岳飞说出了一句流传千古的军事名言："阵而后战，兵法之常；运用之妙，存乎一心。"可以说，他是掌握了孙子通变理论的精髓，其对于常与变关系的认识是十分深刻的。岳飞指挥作战，每每出敌意料之外，其出招看似与兵法相悖，却又深得灵活用兵的要旨。金人感叹："撼山易，撼岳家军难。"这与岳飞高超的指挥艺术是直接相关的。

南宋名将岳飞
1104年—1142年，字鹏举，扬州汤阴（今属河南）人。南宋名将，杰出的抗金英雄。

将帅素质

孙子认为，将帅掌握着军队的生死，主宰着国家的安危。他是国君

明朝军事家、抗倭名将戚继光

1528年—1587年，山东登州（今蓬莱）人。它对练兵、治械、阵图等都有创见，著有《记效新书》《练兵实纪》。

的重要助手，辅佐得周密，国家就会强盛；辅佐有缺陷，国家就会衰弱。

那么，什么样的将帅才是合格的将帅呢？

孙子认为，合格的将帅，首先要具备智、信、仁、勇、严五个为将的基本条件，也就是所谓的"五德"。

"智"就是足智多谋，这样才能指挥军队，夺取胜利。

"信"就是赏罚诚信，如此，才能树立起威信，使三军服从。

"仁"就是爱护士卒，以此得到将士的拥护和支持。

"勇"就是处事勇敢果决，临事决断，使将士有所依恃。

"严"就是严格管理，从而使军队纪律严明，服从命令。

然而，光有五德还不够。孙子指出，优秀的将帅还必须具备良好的个人素质。将帅的个人素质包括静、幽、正、治四个方面。"静"就是沉着镇定。"幽"就是深谋远虑。"正"就是公正无私。"治"就是条理井然。

此外，为将者还必须具备国家利益至上的良好品格。他应该把保卫国家和民众的安全作为自己的责任，进不博求战胜的名声，退不回避违命的责任。从作战规律来看可以获胜时，即使君主主张不打，也要坚持打；从作战规律来看不能获胜时，即使君主坚持要打，也要坚决不打。之所以这样做，是因为他把国家利

为纪念戚继光而建的福州万家亭

益作为最高的原则。

如果具备了上述这些条件，便可以真正称得上是良将了。这样的将帅，是国家的宝贵财富！

此外，孙子还论述了将帅可能有的五个方面的缺陷，称作"五危"。分别是"必死""必生""忿速""洁廉""爱民"。

"必死"便是拼死蛮干，这样的将帅可能被诱杀。

"必生"便是贪生怕死，这样的将帅可能被俘虏。

"忿速"便是急躁易怒，这样的将帅可能中敌人轻侮的奸计。

"洁廉"便是廉洁好名声，这样的将帅可能陷进敌人侮辱的圈套。

"爱民"便是过分溺爱将士，这样的将帅可能被烦扰而不得安宁。

以上五种弱点，是将帅的过错，也是军队的灾难。军队的覆亡，将帅的被杀，一定是由这五种弱点引起的，所以一定要小心！

令文齐武

如何进行军队管理呢？孙子站在新兴地主阶级的立场上，提出了

春秋铜胄，内蒙古宁城出土。

圣人之道图
齐鲁大地两圣人，文武张弛两夫子。孔子是我国古代伟大的思想家、教育家，列世界十大文化名人之首；孙子是我国古代的军事家、谋略家，被誉为兵圣。（李学辉绘）

74

自己的治军理论，其核心就是"令之以文，齐之以武"。狭义地说，文武可以解释为赏与罚，教育与纪律、爱抚与严刑等；广义而言，则可理解为文治与武备、经国与整军等。孙子认为，文与武是相辅相成、不可或缺的两个方面。管理军队必须文武两手齐用，二者缺一不可。

因此，既要用恩爱仁义的方法去教育感化他们，又要用严格的军纪军法去约束他们。将领像对婴儿、爱子一样关心和爱护士卒，士卒就可以与将领同生共死。平时严格执法，士卒就会养成服从的习惯。反之，士卒便会形成不服从的恶习。如果对士卒优遇而不能使用，溺爱却不能教育，违法也不加惩治，他们便会像骄横跋扈的子女一样。这样的军队怎么能用来同敌人作战呢？

因此，孙子对军事训练给予了高度的重视。他将"士卒孰练""兵众孰强"作为决定战争胜负之"七计"的两项重要内容。这表明，孙子是将军事训练放在战略位置上来考虑的。

《孙子兵法》并未提及具体的训练方法，却提出了训练应达到的标准。这些标准是：军队行动迅速时如同疾风骤起，行动舒缓时如同井然有序的树林一般，攻击敌人时如同烈火喷发，实施防御时如同山岳巍然，隐蔽起来时就像阴天一样让人难以发现（其疾如风，其徐如林，侵掠如火，不动如山，难知如阴）。军队如果达到了这样的标准，便可以称得上是管理有方、训练有素了。日本战国时期的名将武田信玄对孙子的这一标准十分欣赏，并将风、林、火、山四个字绣在军旗上。

此外，孙子还注意到了军心士气的重要性，认为一支军队，只有士气高昂、军心稳定，才能奋勇杀敌，取得作战的胜利。因此，聪明的将帅不但要注意激发全军高昂的斗志，而且要掌握士气变化的规律。他指出，军队刚投入战斗的时候，士气十分旺盛；经过一段时间后，便会渐渐懈怠；到了最后，便会士气衰竭。因此，用兵作战，要避开敌人

日本电影
《战国群雄》剧照

新锐之师的锐气，等到其懈怠、衰竭时再予以攻击，这便是运用军队士气的方法。以我军的严整对待敌人的混乱，以我军的镇静对待敌人的喧哗，这便是掌握军队心理的方法。对敌人的军队，可以使其士气低落；对敌人的将帅，可以使其决心动摇。先到达预定的战场，以逸待劳，便可以保持我军的战斗力，作战时便可以士气高昂了。

杂于利害

孙子认为，战争的根本动因是利益。用兵打仗都是以利益原则为主要依据的。那么，是不是为利益就可以不顾一切地发动战争呢？当然不是。孙子告诉我们，任何军事行动既有其有利的一面，也有其有害的一面。如果不能彻底明白用兵的害处，便不会完全明了用兵的益处。

以争夺战争主动权的"军争"为例，军争固然是有利的，但也存在着巨大的危险。如果丢弃辎重装备，日夜兼程地去争利，便可能为敌所乘。因此，必须懂得以迂为直，才能化不利为有利。

明智的决策者考虑问题，总是兼顾到

魏武帝立马观海图
曹操字孟德，生于155年，沛国谯县（今安徽亳县）人，三国时期的著名政治家、军事家。是注释《孙子兵法》第一人。（李学辉绘）

宋代旋风车砲
（复原模型）

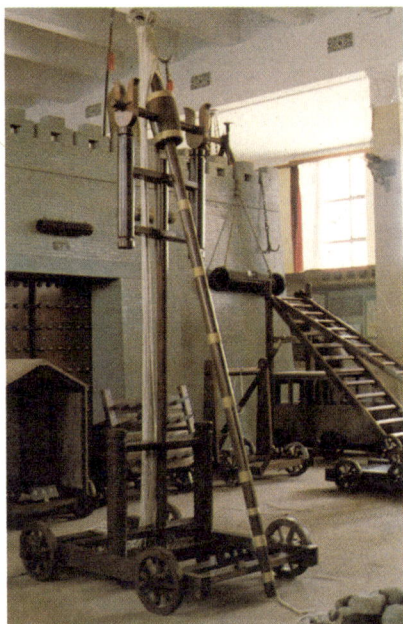

明代大碗口铜铳

明代铁炮

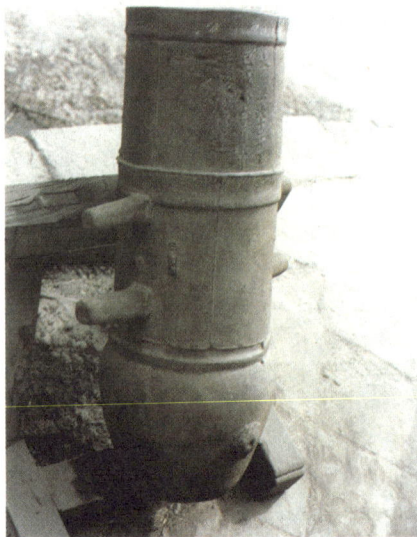

利害两个方面。充分认识到有利的一面，便可以坚定必胜的信心。充分考虑到危害的因素，便可以防患于未然。真正的危险，并非有害因素的存在，而在于知利而不知害。

孙子杂于利害的思想，实质上就是要从战略全局来考虑利害关系。战争领域经常出现这样的情况，某一军事行动从战役战术的角度来考虑是有利的，但从战略的高度来考虑则是有害的；从暂时的得失考虑是有利的，从长远的目标来考虑则是有害的。高明的战略家，总是谋求全局之利、长远之利、根本之利，而不拘泥于一时的得失。在这里，孙子的战略全局观得到了充分的体现。

春秋时候的鄢陵之战，是晋楚争霸的第三次也是最后一次会战，结果以晋军的胜利而结束，晋国的霸业也因此而达到了鼎盛阶段。就在举国上下欢欣鼓舞、大事庆祝的时候，作为晋国统治集团核心成员的范文子却忧心忡忡。其实，早在战前决策时，范文子便明确表示了自己的意见，认为现在的晋国之所以能维持内部的团结，就是因为强敌楚国的存在，一旦楚国被击败，不再构成威胁，内部矛盾便会激化起来，迟早将导致晋国的分裂。这与后世孟子提出的"无敌国外患者，国恒亡"的见解是一致的。但晋军主帅栾书从军事的角度认为可以战胜楚国，坚决主张与楚国一决雌雄。同样缺乏全局意识和长远眼光的晋厉公最终采纳了栾书的建议。鄢陵大捷后，晋厉公掉转矛头，开始对付国内的强卿大宗，致使内部矛盾迅速激化，最终导致动乱的发生。结果，晋厉公在动乱中丧生，晋国也因此陷入长期动荡不安之中。后来，"三家分晋"局面的形成，可以说就是种因于此。事实证明，范文子对利害关系的洞悉是何等的深刻！可惜的是，他的远见卓识却不为当局者采纳。否则，春秋的历史将会是另外一个样子了。

隋朝末年，群雄并起，中原成为隋朝统治者和农民起义军等诸势力争夺的中心。李渊集团从太原起兵后，乘虚夺占关中，据为根本。后来，刘武周出兵攻占太原。李世民奉命率军反击，击败刘武周军，收复失地。这时，有隋将秘密传信，欲献洛阳。洛阳是有名的古都，也是中原的战略重镇，这样的诱惑任谁都会动心的。然而，李世民在权衡利弊后认为，这时己方的实力还不足以逐鹿中原，如果放弃洛阳，反而可以避免过早地卷入纷争的漩涡，维持与瓦岗军名义上的同盟关系，掩盖自己争夺天下的企图；利用各势力相互争夺之机，巩固以关中为中心的根据地，为最终夺取天下奠定坚实的基础；隔岸观火，坐收渔翁之利。于是，他毅然弃取洛阳，率军返回了关中。后来，农民起义军和隋朝残余势力在中原纷

兵马俑军阵

78 明代"仁字伍
号大将军"铁炮

争中不断衰弱，而李氏集团则在关中日益强大起来，最终取得了天下。

古今中外，战略家的远见卓识往往有着惊人的相似之处。二战期间，英国谍报人员破译了德军的密码，后来人们称之为"超级机密"。时任英国首相的丘吉尔，在获悉德军飞机轰炸伦敦的计划后，忍痛没有下令采取任何的防范措施。当伦敦陷入一片火海时，德军对自己的密码系统益加自信。英国牺牲伦敦之举终于得到了回报，他们利用这一"超级机密"，给德军的主力兵种——潜艇部队以重创，从而彻底粉碎了德国占领英伦三岛的企图，扭转了开战以来长期的不利局面。

孙子杂于利害的思想告诉我们，任何军事行动都是利与害共存的。思维一旦形成惯性，便可能出现思维的盲区，这在战争中往往意味着致命的错误。因此，战争指导者在决定军事行动时，要学会运用逆向思维的方法，换一个角度来考虑，注意克服认识上的片面性，从而走出思维的误区，如此才能把握全局，谋求长远。

1943年11月，丘吉
尔与罗斯福、蒋介石在
开罗会晤。

第三章

《孙子兵法》的思维特色

孙子军事思想为什么具有广大而深邃的思想内涵？为什么具有超越时空的恒久魅力？根本原因取决于孙子思考战争问题的态度和方法，取决于孙子军事思维的卓越特质。那么，孙子在思考军事理论问题时，其思想方法或思维模式有哪些主要特色呢？这需要我们结合《孙子》十三篇的内容，深入到其思想体系内部得出结论。

理智性

理智性是直觉思维过程中体现出来的一种特性，它使人的直觉有别于冲动性行为。中华民族素以务实而理智著称。在战争问题上，更是如此。基于对战争破坏力的深刻体认，中国古代兵家都是在"兵凶战危"的基础上理性阐述其军事理论的。《孙子兵法》作为古代兵学的杰出代表更是通篇体现着理性与智慧之光，突出表现了一种人类在战争面前所必不可少的现实主义态度和理性精神。我们可以通过孙子战争观与儒、道、墨三家战争观的比较分析得出深刻的认识。

春秋战国时代，由于战争频繁，在追问和解释战争现象的过程中，诸子百家的战争观念总体上表现出中华先民追求和平的优良传统，但也各有自身的局限性。

儒家创始人孔子
孔子是我国古代伟大的思想家、教育家，儒家学派创始人，被奉为至圣先师，列世界十大文化名人之首。

先秦儒家对战争的基本态度是把战争置于最高的道德原则"仁"的基础之上。凡是符合"仁义"的战争，则无条件的加以拥护和支持；凡是不符合"仁义"的战争，则一概地坚决反对，这使儒家在战争等很多问题上都弥漫着理想主义色彩，"仁者无敌""以至仁伐至不仁"等战争理想观念，最终还是无法摆脱被现实彻底功利化的悲剧命运。春秋时期的宋襄公正是因为固守"仁义"，在泓水之战中惨败，成为历史的笑柄，被毛泽东讽刺为蠢猪式的仁义道德。

先秦道家所主张的是一种"无为"思想指导下的战争观。老子说："夫佳兵者，不详之器，物或恶之，故有道者不处。"（《道德经·第三十一章》）意思是说：军队和武器装备，这是不吉祥的东西。谁都厌恶它，所以有道的不接近它。道家的战争观念虽然包含着以弱胜强的谋略思想，但其在战争问题上的消极倾向也是很明显的。

墨家主张"兼爱"与"非攻"。墨子强调"兼爱为第一利器""我义之钩强，贤于子舟战之钩强"（《墨子·鲁问》），但这只能是一种美好的理想。大家都知道墨子止楚伐宋的故事，墨子为了劝说强大的楚国不要对弱小的宋国用兵，步行至楚国与公输班演绎攻城与守城之法，最后不战而退"楚人"之兵。然而，当墨子回到宋国时，居然不能在宋国里巷的大门内避雨！这其中的原因，已难得其详，但墨子的思想不为同时代人所理解则是后世公认的。其根本原因在于，超越阶级对立的"兼爱"思想不会为当时的统治者所采纳，而"非攻思想"则不符合战国时期通过兼并战争实现统一的需要。

在法家的眼里，战争是包治百病的良药，是统治国家、稳定秩序、发展实力的捷径，可谓拳头出真理，刀剑定是非。但它太崇尚残暴和血腥，将民心向背、政治教化一律弃之不用，结果就难免走向另一个极端。其中最典

道家创始人老子
老子，中国古代思想家，道家创始人。姓李，名耳，字伯阳，楚国苦县（今鹿邑人），约生活于公元前571年至公元前471年之间，曾做过周朝的藏史。晚年在陈国居住，后出关赴秦国讲学，不知所终。

墨家创始人墨子
墨子，中国古代思想家，墨家创始人，名翟。春秋末战国初鲁国人。一生除著书立说和教授门徒外，还参加政治活动。曾仕于宋，为大夫。

型的例子即秦朝的覆亡。秦始皇以法家思想立国，实行严刑峻法，结果引发农民起义，中国第一个封建王朝仅历两代便宣告灭亡。

较诸家而言，孙子的战争观是理性的，是现实的。通观全篇，孙子对战争问题的论述，都洋溢着理智、冷静、审慎的态度，从中看不到任何简单、轻率、粗暴的言论。

孙子开篇即言："兵者，国之大事也。死生之地，存亡之道，不可不察也。"（《计篇》）这句话说得很有气势，也很有分量，开宗明义地把战争问题提到了国家生死存亡的高度来认识，曾令无数的后学者深深思索而又体味无穷。孙子在《火攻篇》又说："没有好处不要行动，没有取胜的把握不能用兵，不到危急关头不要开战。国君不可因一时愤怒而发动战争，将帅不可因一时的气忿而出阵求战。符合国家利益才用兵，不符合国家利益就停止。愤怒还可以重新变为欢喜，气忿也可以重新转为高兴。但是国家灭亡了就不能复存，人死了也不能再生。所以，对待战争，明智的国君应该慎重，贤良的将帅应该警惕，这是安定国家和保全军队的基本道理。"这番话真可谓金玉良言，对轻率致战的危害分析得入木三分。据说，德国皇帝威廉二世发动第一次世界大战遭到了失败。20年后他在侨居生活中偶然看到了《孙子兵法》一书，读到了孙子的这一段话，不禁大发感慨："如果我在20年前读到这本书，就不会出现这样的结果了。"

的确，战争的结局，直接决定一个国家的命运，并且是用"生"与"死""存"与"亡"这种最惨痛的代价和最极端的选择来决定一个国家的命运。

82

怒而兴师

公元221年，因孙权袭夺荆州，擒杀关羽，刘备怒而兴兵攻吴，企图为关羽复仇，并夺回荆州。在夷陵一带连营，寻机决战，遭吴军主帅陆逊率兵火烧连营，遭致大败。（王宏喜绘）

当你在战争中失败，必须接受"死"与"亡"的现实，没有讨价还价的余地，也没有改正错误的机会。因此，国家的主宰者、战争的决策者，对战争问题不能有丝毫忽略，必须认真对待。孙子的高明之

日本丰臣秀吉在侵朝战争中杀死朝鲜人，堆耳成冢，地点在日本京都。

选自李零《兵以诈立》。

处就在于，作为一代兵家，竟然无丝毫的穷兵黩武的意味；同时，也绝不盲目反战，对战争抱有任何不切实际的幻想。应该说，孙子在战争问题上的理性态度和认识是带有普世性意义的。

孙子这种理性的战争观，具体而又全面地表现在他对将帅的要求中。

在素质方面，孙子提出，将帅要"智、信、仁、勇、严"五德兼备。其中，以"智"为首，是面对战争现实的理性选择。因为战争是世界上最复杂、最具有迷惑性的人类活动之一，战争的瞬息万变和重重迷雾要求战争指挥者必须能够最大限度地发挥自己的聪明才智，在复杂的形势面前"动而不迷，举而不穷"，从容应对一切，方能避免"覆军杀将"的灾难性后果。

在性情修养方面，孙子则要求将帅要做到"静以幽，正以治"，力戒

中国孙子兵法城场景　诸葛亮七擒孟获

孟获南中（今云南、贵州、四川交界区一带）地区少数民族首领，它乘刘备刚死之机，发动叛乱。225年，诸葛亮率军平定南中。因孟获当地威望很高，诸葛亮采用攻心为上的策略，生擒、放回七次，使他感到诸葛亮不以南中为敌，心悦诚服归降。

斧钺
中国古代
征伐权力的象
征

"五危"。我们需特别注意"静"和"幽"这两个字，它们反映了道家的一种修养，反映了中国兵家与西方明显不同的一种境界，更反映了一种高深的以静制动的理性品质。在孙子看来，肩负着"安国全军"重任的将帅，要沉着冷静而深隐难测，无论在什么时候、什么情况下，都从不急躁，从不狂热，从不掺杂过度的个人感情，特别善于把复杂的问题简单处理，并能够承受常人感觉不到并且无法承受的巨大压力。为说明此点，孙子又谈到了将帅不良品格的五种弱点和隐忧。作战勇敢、善于保全自己、有义愤感、廉洁自律、爱护百姓，这些都是为将者的优点，但一旦用了"必"字，用过头了，这些优点反而成为"覆军杀将"的祸源。

在权变方面，孙子要求将帅必须能够学会变通，学会拒绝，甚至"君命有所不受"。在作战中，有些将帅善于拒绝敌人的诱惑，却不敢拒绝君王的命令。有些将帅在战场上明知应该变和如何变，但在君王的命令下却没有变，结果招致惨败。所以说，身居前线的指挥官，能够理性地做到只唯实，不唯上，是难能可贵的。

在道德品质方面，孙子要求将帅要做到"进不求名，退不避罪，唯人是保，而利合于主"（《地形篇》）。这是从更高的政治素质和理想境界的层次对将帅提出的要求。

中国古代驿站
——孟城驿
孟城驿是一处
水马驿站，在今江苏
高邮古城南门外。

综观孙

子的将帅思想，可以发现其最重要的观念就是"知兵之将"。而这种知兵之将所需具备的素质前提便是思维的理智性。

中国古代驿站——鸡鸣驿

鸡鸣驿站在河北省怀来县，因北临鸡鸣山而得名，是中国仅存的一座比较完整的驿城。

科学性

传统看法，科学思维似乎是中国古人的弱项，但孙子是个例外。欧洲学者加夫利科夫斯基曾就这一点作过经典评述："孙武的最大成就之一就是他对于现实所采取的科学研究途径。他的书在中国，甚至在全世界，都是最早提倡对于社会现象采取科学分析方法的。其书中包括若干量化评估的观念，以及对自然法则的引用。当然，孙武所用的分析方法并不能令现代学者感到完全满意，但在整个中国古代思想领域中，他却是一位孤独的先驱者。"（转引自钮先钟著作《孙子三论》）

诚哉斯言！通观《孙子兵法》全书，其对主要战略战术内容的分析都表现为逻辑的、系统的、客观的、定量和定性分析相结合的科学分析方法。

逻辑思维是《孙子兵法》最基本的思维方式之一，孙子通过对春秋末期大量战争现象和战争问题的对比分析，概括出了当时军事斗争中最普遍的规律和最基本的原则，这明显是采用了归纳推理的方法。另一方面，孙子对战争的指导又是以演绎推理的方式来实现的。试看其谋划的战争行动轨迹：

《计篇》立足宏观，谋划全局；《作战篇》完成战争准备，强调行动的先决条件；《谋攻篇》谋划最佳的战争行动策略或方法；《形篇》强调实力积累、立足经济基础谋划战争；《势篇》强调将自己的现有的战争实力与时空等因素结合起来发挥出最大威力；《实虚篇》强调在实力的基础

86

上，如何避实击虚，胜于巧胜和易胜；《军争篇》强调如何抢占先机，争取主动权；《九变篇》强调在具体作战过程中，如何因时、因地、因敌而变；《行军篇》《地形篇》《九地篇》强调地形对战争的重要作用和在不同地形上采取相应的作战方法；《火攻篇》介绍了当时威力最大的一种战术方法；《用间篇》强调先知，为以上诸篇行动的基础。整个孙子十三篇可谓层层递进，前后呼应，设计周密，贯通全局。难怪有人盛赞孙子是现代行动学的先驱，他所设计的一切战争行动，都是逻辑的、合理的，有效的。

从系统性上讲，孙子思维的科学性突出表现为"运筹全局"的思想方法。

不少学者称孙子是系统论的鼻祖，其具体方法虽然古朴，但已初具现代系统论方法的一些原始形态，尤其是整体统筹的方法。孙子的兵学体系中，战争是一个大系统，下设若干子系统，子系统下又各有子系统，构成一个层次清楚的网络系统。在系统性原则的基础上，孙子特别强调"求善"，实际就是寻求一种最优化的方法。作者将战略环境、战争态势、战术方法都分为"善"与"不善"两种，然后，择善而用之。如"兵贵胜，不贵久"；"求之于势，不择于人"等。另一方面，孙子还运用了多中择优的选择方法，如"故上兵伐谋，其次伐交，其次伐兵，其下攻城"等。

从客观性上讲，孙子思维的科学性则突出表现为强调从实际出发熟悉和掌握敌我双方的详细情况。《谋攻篇》指出："故兵，知彼知己，百战不殆；不知彼而知己，一胜一负；不知彼，不知己，每战必殆。"《地

战国时期嵌错赏功宴乐铜壶上第三层的水陆攻战文饰图。

形篇》又说:"知彼知己,胜乃不殆;知天知地,胜乃不穷。"在《孙子兵法》全文中,"知"字先后出现了79次,知彼知己,知天知地、知常知变、知胜知败、尽知先知,"知胜"思想成为孙子分析一切战争问题的客观基础。

另外,孙子思维的科学性还表现为朴素的定量分析的方法。

孙子《计篇》以"计"为核心,把计算作为用兵施谋的前提和基础。庙算即当"计算"讲,又有"算筹"的含义,"算筹"就是中国古代数学上用来计算的特殊工具,后世的算盘即由此发展而来。所以,孙子在庙算中提出的"五事七计",实际是一个战略上的数学模型。在《形篇》中孙子谈到:"正法:一曰度,二曰量,三曰数,四曰称,五曰胜。"也就是说,指挥员进行战术上的数学思维是:根据地形险易、广狭、死生等情况,作出利用地形的判断;根据对地形的判断,得出战场容量的大小;根据战场容量的大小,估计双方可能投入兵力的数量。经过这样一番计算,就可以作出谋略选择。有人作过统计,在《孙子兵法》里,通过数字说明兵学内容的地方共151处,用过的数字总计为13个。其中,用的最多的是五(27处),其次是三(24处)、一(21处)、十(17处)。

孙子运用这些数字,又力求定量和定性的统一,最终目的是为了更好地阐明其军事思想。台湾学者钮先钟先生认为:"孙子的观念和现代学者大致相同,只是名词不一样而已。'校之以计'即为量度,而'索其情'即为判断。前者用来处理可以量化的因素,后者用来处理不能量化的因素。两者综合起来即为孙子所谓的'庙算'思想,用现代术语来说,即为'纯净评估'。这充分显示了孙子重视科学方法的精神。"(《孙子三论》)

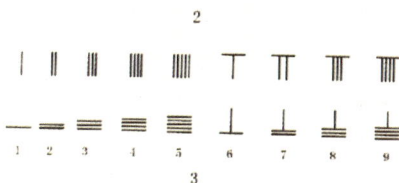

整体性

新石器时代彩绘陶缸《鹳鱼石斧图》缸。
（《中国古代兵器图集》首页）

整体思维是中国古人最主要的思维方式之一。河南临汝县曾出土了一幅母系氏族时代的彩陶画，画面上，一只白鹳衔着一条鱼，旁边竖着一把斧子。专家们认为这是原始时代的一种战争历史记录，它表示以白鹳为图腾的氏族战胜了以鱼为图腾的氏族。这种以简驭繁的表现手法反映了中国先民高度的概括能力和宏观整体的思维特征。

中国古代所谓整体思维，是指把天、地、人、社会看作是一个密切联系，相互依存的整体。如：《易经》就是以阳爻和阴爻构成的六十四卦，象征天地万物及其变化，表明天地和同，万物化生，人与天地分而相合。道家老子说"圣人抱一以为天下式"；庄子说"天地与我并生，而万物与我为一"（《庄子·齐物论》）。这里的"一"讲的都是整体、系统和贯通的意思。

融山、水、草、木、人工建筑于一体体现整体思维的中国古代园林图。
（中国园林商情网站首页）

《孙子兵法》作为先秦时期的典籍体现这种整体性思维的特点非常明显。孙子思考战争问题，并非简单地就事论事，或仅仅局限于狭窄的作战范畴，而是以广阔的宏观视野审视战争，谋求从全局把握战争。如《计篇》中提出的"五事""七计"的内容可以说比较全面地涵盖了战略要素的各个方面。整个"庙算"思想，用今天的话来说，就是一种总体战略，即超越军事领域，包括了军事、政治、经济、外交各个方面内容的国家大战略。钮先钟教授认为，"孙子战略思想具有总体导向，它只用一个

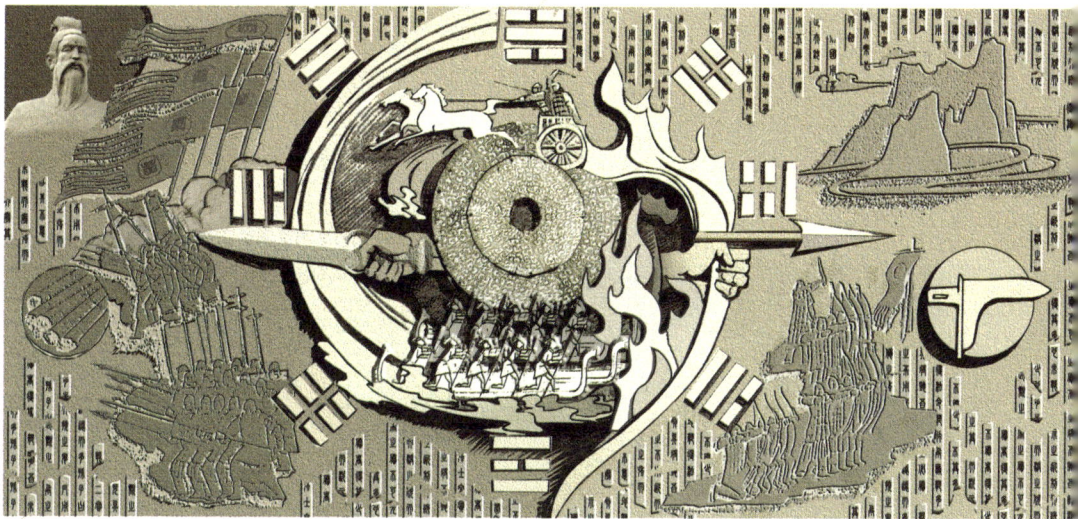

　　'全'字表达出来，即所谓必以'全'争于天下，而其最高理想则为'全国为上'。战略家必须认清其问题的总体性，并能以总体的眼光来看问题。在古代战略思想家中具有此种取向者，孙子实为第一人"（《孙子三论》）。

　　另一方面，孙子对每个具体战争问题的论述，都是考虑到问题的多个方面，使其形成一个完整的系统。孙子讲知与胜的关系时，概括成"知胜有五"；讲将帅在战场上要有灵活性和主动性时，概括出用兵的"九变"模式；讲诡道时，概括成"诡道十二法"；讲观察敌情时，概括有"三十二相敌之法"；讲"火攻"时，把构成火攻的内涵概括成"火攻有五"；讲"用间"时把用间的内涵概括成"用间有五"；讲地形时概括成"九地""六形"等等，这些都是思维整体性的表现。

　　我们还可以从更高、更深的层次上，审视孙子思维的这种整体性

90

巢车（古代攻城
器械模型），用来观察
敌情。

抛石机（古代守城
器械模型），用于攻城
和守城。

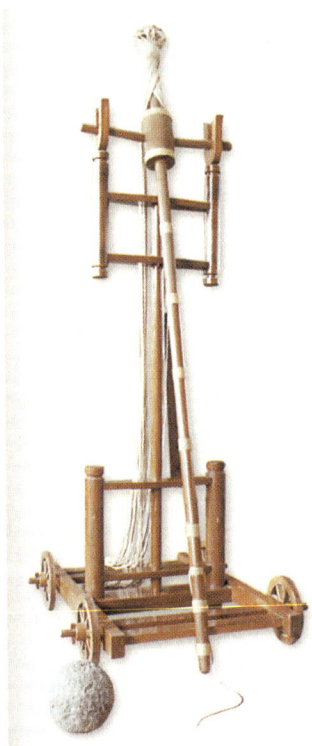

特征。

从战争利害的角度看，孙子始终能够关照战争的全局和长远利益。如《九变篇》提出"途有所不由，军有所不击，城有所不攻，地有所不争"；"是故智者之虑必杂于利害"。就是说，在必要的时候要敢于牺牲局部的利益来赢得全局的主动，牺牲短期的利益来获得长远的发展。

从战争本身的特性看，军事领域更注重矛盾的斗争性，但如果光讲矛盾的斗争性而忽视统一性，同样会导致致命的错误，甚至走上穷兵黩武的道路。对此，孙子从矛盾对立统一的前提出发，力主以非军事手段解决问题，倡导 "伐谋、伐交"，求得"不战而屈人之兵"，而且要在战胜攻取之后，重视"善后"问题，达到一种新的战后各集团的利益平衡。

从文化传统的深远影响看，"重道而轻器"是中国传统文化的一个重要特征。《孙子兵法》的一个重要特色是"舍事而言理"。所谓 "理"属于形而上的范畴，是对事物的整体的、理性的把握和分析。孙子十分重视通过亲身体验去感悟兵法背后的大理论，但对于形而下的 "器"，如军队的编制、武器装备的制造和使用、士卒的训练，孙子则没有涉及，这很明显是受了整体思维方式的影响。他在《计篇》中说："此兵家之胜，不可先传也。"为什么不可先传，先传以后就成了理论框框，拿到现地就不能用了。这实际上就是要求人们不要刻意追求某些具体的东西，而是要从整体上把握战争规律，感悟"道"的境界，这样才能做到真正的用兵如神。此种方法是中国传统思维的一个重要特征，即注重思维的结果或思维所达到的境界，至于思维的过程和方法则可以忽略不计，正所谓"得鱼而忘筌""得意而忘形"也。

塞门刀车（古代守城器械模型）
在车的前端挡板上装数支枪刃，如敌人破坏城门，可用此车直接将城门堵住，以防敌入城。

辩证性

在孙子诸思想方法中，最具有特色的就是原始辩证思维方法。中国传统文化以《易经》为标志，很早就形成了辩证地看待事物的思维方式。《易经·系辞上》有言"一阴一阳之谓道"，也就是说事物都包含着既对立又统一的两个方面，整个世界的形成，便是阴阳二性相互依存又相互渗透的结果。太极生两仪，两仪生四象，四象生八卦，八卦生万物，构成了一幅中国特有的宇宙生成图。可以说，阴阳之道是中国古代朴素辩证法思想走向成熟的标志。英国著名汉学家李约瑟博士曾经指出："当希腊人和印度人很早就仔细地考虑到形式逻辑的时候，中国人则一直倾向于发展辩证逻辑。"

孙子继承了这种辩证思维的传统，并将其创造性地运用到军事思维领域，具体表现为一整套的反映军事理论认识对象的军事范畴。据统计，《孙子兵法》全书运用对偶性范畴多达100余个，运用这些范畴作辩证的判断与论述多达200余次，它标志着中国古代兵学家的理论思维能力已经发展到一个新的阶段。

审视整个十三篇内容，孙子朴素的辩证思维方法可以说又十分融洽地贯穿于其整个兵学思想体系之中。

（一）义与利，仁与诈的辩证统一。功利主义是孙子战争观的核心。他主张"非利不动，非得不用，非危不战"，一切战争行动以追逐战争

俄国画家魏列夏庚之《战争的祭礼》，画面上是个髑髅台。转引自李零著《兵以诈立》。

利益为基本原则，一切欺诈蒙骗手段无所不能用。但另一方面，孙子又把"全胜"作为至善至美的战争理想来追求。这种最大限度地减轻人员伤亡和国家损失的战略设想本身就包含着"保国安民"的"大仁""大义"，从而在义与利、仁与诈的问题上坚持了唯物主义辩证法的高度统一。

（二）谋与力的辩证统一。孙子尚智，主张以谋略取胜，这是孙子战争艺术之生命。然孙子又是非常讲究实力的，他在《形篇》中说"胜兵如以镒称铢，败兵如以铢称镒"。"镒"和"铢"是中国古代两个重量单位，1镒等于24两，而1两等于24铢。可见"镒"与"铢"的比例悬殊高达几百倍。整句话的意思是说，胜利的军队较之于失败的军队，犹如以"镒"称"铢"那样占有绝对的优势；而失败的军队较之于胜利的军队，就像用"铢"称"镒"那样处于绝对的劣势。孙子认为，这样才能达到以碫击卵，石头砸鸡蛋的效果。可以说，孙子所有的战略战术思想都强调要以强大的实力为后盾，主张二者不可偏废。

（三）常与变的辩证统一。孙子总结出许多军事学的一般原则，如"归师勿遏"意指对急于回家的敌人不要拦

韩信劝降

孙子曰："上兵伐谋"，"不战而屈人之兵"。图为汉将韩信用威逼和利诱两种手段逼燕王投降（王宏喜绘，上海辞书出版社）。

截；"穷寇勿迫"意指对陷入绝境的敌人不要逼迫太甚；"围师必阙"是说包围敌人时要留下缺口再寻机歼灭，这些都是相对稳定的用兵常理。但孙子更重视"变"，认为随机应变，通权达变，才是用兵的上层境界。所以他说"兵无成势，无恒形。能与敌化之谓之神"（《实虚篇》）。

（四）客观与主观的辩证统一。孙子主张尊重客观的实际，不能违背战争客观条件以求

背水一战

死地则战是孙子主张发挥主观能动性的突出表现。图为三国时期蜀国大将姜维率军背水一战（王宏喜绘，上海辞书出版社）。

战争胜利，即所谓"胜可知而不可为也"（《形篇》）。意思是说，胜利可以预知而不可以强求。另一方面，他又主张"胜可为也"（《实虚篇》），即是说胜利可以谋取，作为指挥员在战争面前不是无所作为的、被动的，你应该积极去创造条件，发挥你的主观能动性，使胜利早点到来。孙子在《势篇》中所提出的"求势"思想便是将帅发挥主观能动性的突出表现。

（五）利与害的辩证统一。在战争的"利"与"害"的问题上，孙子强调"军争为利，军争为危"（《军争篇》）；"智者之虑必杂于利害"（《九变篇》），就是说抢占先机，既有有利的一面，也有危险的一面。聪明的人考虑问题要把利与害放在一起来辩证思考，在考虑利的同时，要想到可能有危害；在考虑害的时候，也要想到有利的一面。曹操言："在利思害，在害思利"；老子言："祸兮，福之所倚；福兮，祸之所伏"。这都与孙子的"杂于利害"思想有异曲同工之妙。

以上内容都处处闪耀着军事辩证法的光辉。与《易经》相比，孙子

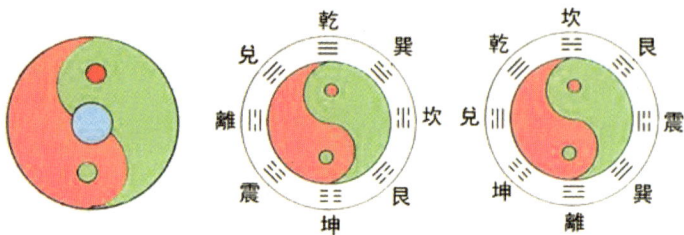

富含辩证哲理的易经三图：元极图、伏羲先天太极八卦图、文王后天太极八卦图。

的辩证思维较少迷信色彩，更具系统性和理论性。与《老子》相比，孙子的辩证思维克服了其客观唯心主义色彩和消极退让的保守心态。按照学术界的看法，所谓系统思想（整体思维）和辩证思想（对待思维）是一体的，都属于中国传统的辩证思维。因此，辩证思维称得上《孙子兵法》方法论体系的总纲。

动 态 性

所谓动态思维是对事物的运动状态认识的思维形式，它要求人们在思维中要坚持全面的、联系的、发展的观点，对客观事物的运动状态和规律进行完整的描绘。中国古人鲜明的整体思维和辩证思维方式决定了他们对于动态思维的认识和论述也是非常丰富的。《易传》曾三次提到"与时偕行"。"时"，就是天时，指自然规律。"偕"，俱也。斗转星移，四季更迭，人的行为也要随之变化，春耕、夏耘、秋收、冬藏，不可违时。损益之道也要随着天时的变化而变化，按照季节安排财政的收入和支出。《乾文言》说："夫大人者，与天地合其德，与日月合其明，与四时合其序，与鬼神合其吉凶。"意思是说，作为一个有德的圣人，他的思想和行为都与自然规律合拍。他的品德就像天地一样覆盖万物，他的圣明就像日月一样普照大地，他的行为就像四时变化那样有序，他示人吉凶就像鬼神那样奥妙莫测。

孙子正是这样一位大智的圣人，《孙子兵法》述及的动态战略思维包括许多方面的内容，我们可以择其精要做一概略分析，以揭示其动态思维体系的全貌。

（一）对战争状态与过程动态变化的总体描述，强调主客观条件的互动和由此导致的优劣势的转换。

如孙子在《计篇》中通过"五事""七计"的庙算分析，得出客观形势的总体判断之后，进一步提出："计利以听，乃为之势，以佐其外。"意思是说："听从了有利于克敌制胜的计策，还要创造一种'态势'，作为协助我方军事行动的外部条件。"势是什么？势是因敌而设的某种格局，看不见，摸不着，藏于形后，与形相伴。如果用拳法和下棋打比方，势就是接对方的招，破对方的招，根据对手的一招一式，临场发挥，随机应变。所以，孙子说"势者，因利而制权也"。很明显，这是将定计与用计，客观与主观、静态分析与动态把握巧妙地结合在一起了。

（二）基于对敌我双方基本情况的分析，预测未来战争状态的具体变化及其过程，事先多做应变的准备。孙子在《计篇》的结尾处得出"庙算"的总结论："筹划周密、条件充分就能取胜；筹划疏漏、条件不足就会失败，更何况不作筹划、毫无条件呢？我们根据这些来观察，谁胜谁负就显而易见了。"这明显是基于动态的一种预测和判断，为以后方案的选择和实施留下了充分的余地，也因而会做好多方面应变的准备。正如《九变篇》中说："无恃其不来，恃吾有以待也。无恃其不攻，恃吾有所不可攻。"意思是："不抱敌人不会来的侥幸心理，而要依靠我方有充分准备，严阵以待；不抱敌人不会攻击的侥幸心理，而要依靠我方坚不可摧的防御，不会

李牧率军破匈奴

战国末年，赵国大将李牧率兵防备匈奴，为使自己立于不败之地，首先加强防备，"习骑射，谨烽火，多间谍"（《资治通鉴》卷六）。后来李牧率精兵十余万人，利用匈奴轻敌，出奇制胜地进攻，歼灭匈奴军十余万骑。（王宏喜绘）

邮票——决战淮海

淮海战役是解放战争中国民党军队和共产党军队进行的三次生死大决战之一。战役从1948年11月发起，1949年元月结束，共计歼灭国民党军队55.5万人，解放了长江中下游以北的广大地区。

被战胜。"

（三）对战争实力各个相关要素互相促进、相互影响的分析与预测。在《形篇》中，孙子提出分析战争实力要有五条基本原则，即"一曰度，二曰量，三曰数，四曰称，五曰胜"。这五个方面是相互影响的：敌我所处地域的不同，产生双方土地面积大小不同的"度"；"度"的不同，产生双方物产资源多少不同的"量"；"量"的不同，产生双方兵员多寡不同的"数"；"数"的不同，产生双方军事实力强弱不同的"称"；"称"的不同最终决定战争的胜负成败。孙子通过层层递进的分析，深刻揭示了战争实力生成的过程和规律。它提示我们，不仅要注重力量生成的结果，更要十分注重力量生成的过程；要在力量动态变化和生成的过程中，把握形势，做出战争决策。另外，研究一个国家的战争实力，不能只看其眼前的力量，还要看这个国家潜在的力量以及这种潜在力量转化为现实力量的能力。日本将领山本五十六在指挥偷袭美国珍珠港得手之后，预感到日本将会最终在战争中失败，就是因为他看到了美国巨大的战争潜力，以动态的实力观认识到了日本与美国战争实力的巨大差距。

（四）具体用兵模式上的动态变化。在具体用兵作战过程中，孙子非常强调攻守、奇正、虚实等方面的动态变化。在《形篇》中，他提出："敌人无可乘之机，不能被战胜，且防守以待之；敌人有可乘之机，能够被战胜，则出奇兵攻而取之。防守是因为我方兵力不足，进攻是因为兵力超过对方。善于防守的，隐藏自己的兵力如同在深不可测的地下；善于进攻的部队就像从天而降，敌不及防。"在《势篇》中，他指出："大凡作战，都是以正兵作正面交战，而用奇兵去出奇制胜。善于运用奇兵的人，其战法的变化就像天地运行一样无穷无尽，像江海一样永不枯竭。"在《实虚篇》中，孙子则用水来形象地比喻作战方法的变化——"故水，因地而制行，兵，因敌而制胜"。"水"最能够反映中国战略深奥的道理。水有形，谁都能看得见；但水又无形，谁都说不出它的形状是

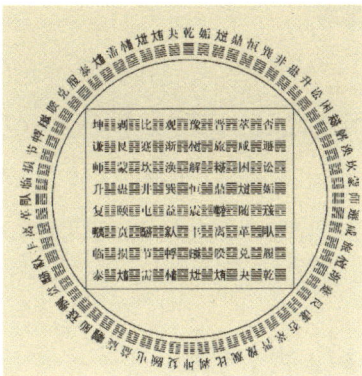

尽括宇宙万物变化的先天六十四卦方圆图。

什么样子。这是为什么？其中的奥秘就在于一个"变"字。依此要求，孙子的战略强调变化，也就是将自己的力量运用处在一种经常变化之中，向敌展示为一种随机的因情而动的无固定形状，即"兵无成势，无恒形"。

（五）总结出将帅在战斗过程中的九变模式。《九变篇》提出："有的道路不要走，有些敌军不要攻，有些城池不要占，有些地域不要争，君主的某些命令也可以不接受。"孙子在这里强调，将领要根据战斗过程中的具体形势对指挥方法做出及时调整；要学会拒绝，学会灵活变通，而这种变通的一个重要前提是"智者之虑必杂于利害"。也就是说要随时兼顾利与害两个方面，在不利的情况下分析有利的方面，在有利的情况下分析不利的因素，最终抓住战机，机动制敌。

综上所述，《孙子兵法》形成了一种立足整体和辩证的动态思维模式。它强调战争的对抗性本质和竞争对手之间的互动作用；注重竞争手段的时效性；力求在变化中不断地强化和创造新的竞争优势，尤其强调思辨色彩，用辩证关系分析处理敌我形势、主客观方面的变化以及战斗过程的突发事件

清人绘《太祖破杜松营图》

萨尔浒大战中，清太祖努尔哈赤采取"凭尔几路去，我只一路去"的集中歼敌原则，集六万八旗精兵，全力对付明西路军。

等等。

从深层次讲，《孙子兵法》包含着东方思维所特有的柔性思想。孙子所提的战略诸要素是系统的，又是动态的，并在胜败、奇正、虚实、迂直、利害等无穷变换的实战中体现出来，这种战略资源组织的柔性较西方战略管理思想而言，可以更好地应对复杂多变的环境。

比附性

比附推理是中国传统思维的一种重要方式，其本质是指通过想象，由具体事物直接推知一个抽象事理的逻辑方法。它最初形成、发展于《易经》。如《易经·大过》九二爻辞："枯杨生稊，老夫得其女妻，无不利。"这里将自然界的枯木发新芽，与人间的老夫娶少女联系起来，取其相似点，进行想象，然后比附推论出"无不利"的结论。意在告诉求卦者，所占问之事将大吉大利。在这一过程中，象及卦爻辞是可见的，而"意"是不可见的，对那些只可意会、不可言传的内容，人们只要运用取象思维方式便可得到，这正是前边所述"得意而忘形""得鱼而忘筌"的思维秘密所在。战国楚墓出土的《人物龙凤帛画》正是凭借着具体的物象来比附推论其他与之有联系的事物或意义。画中妇女就是墓主人，而龙和凤

人物龙凤帛画
1949 年在湖南长沙
陈家大山战国楚墓出土。

都可以往来于天地间，是引魂升天的驾驭之物。这幅画就是一幅"升仙图"，说明墓主人希望死后能得到龙和凤的引导升入天界，以求得再生。

由于受到时代历史条件的限制，《孙子兵法》也有这种取象思维的显著特征。《孙子兵法》里边的许多军事概念和思想，孙子没有给出明确的定义和解释，而是通过比喻或象征

的手法表现出来。如:《势篇》中"势"的概念很重要,但又很难下一个明确的定义,于是孙子用"水之疾,至于漂石者"来比喻军事上"谋势"所造成的巨大威力,用"鸷鸟之疾"来比喻形成"势"所要求的距离和速度,既形象生动,又富于创造性。又如,用"常山之蛇"来比喻作战部署的协调配合;用"处女""脱兔"来比喻战场节奏控制的动静之理及战术的诡诈性和行动的突然性,可谓独具一格,惟妙惟肖,令人叹为

兵无常势图

用兵打仗没有固定不变的模式,就像水流没有固定不变的形状一样,能够依据敌情变化而克敌制胜者,就能用兵如神。(王宏喜绘)

观止。其他如"夫兵形象水。水行,避高而走下;兵胜,避实击虚。故水,因地而制行;兵,因敌而制胜"(《实虚篇》);"故其疾如风,其徐如林,侵掠如火,不动如山,难知如阴,动如雷霆"(《军争篇》),也都是活用类比思维的典型例句,可以说孙子通过"比""兴"手法来表达某种军事思想内涵的功夫已经达到了出神入化、炉火纯青的地步。

跳跃性

从东西方文化的比较来看,中国人在思维的逻辑性、严密性方面不如西方人,但在思维的广阔性、跳跃性、敏捷性方面却强于西方人。

最早提出孙子思维具有跳跃性特点的是史美衍教授。他在《孙子思维的整体性辩证性跳跃性》一文中指出:孙子思维具有跳跃性的特征,具体表现为两个方面:一是指孙子在思维与论述问题过程中往往有"发散性"现象,会从一个问题突然跳到另一个问题,如本来讲"火攻",突然间跳到"水攻";本来讲"敌",突然跳到"我";本来讲"用兵之法",突然跳到"治军之道",论述过程中出现思维与论述的"连续性的间断"。孙子

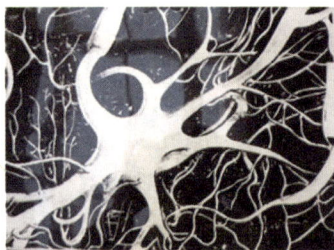

在中国古代战争中用以火攻的火禽。转引自李零著《兵以诈立》。

思维跳跃性的第二个方面是指孙子在考虑和论述问题时，往往从个别跳到一般，即从具体的个别事物出发，得出一个抽象的一般性的原则和结论。例如《火攻篇》主要内容是对火攻这一特殊战术的论述，有意思的是，在讲了火攻的对象、条件、方式及应变措施等内容之后，孙子并没有结束全文或按常规逻辑得出一个相应的结论，而是突然论及具有普遍指导意义的战略原则，说："主不可以怒兴军，将不可以愠战。合乎利而用，不合而止……故明君慎之，良将警之。此安国全军之道也。"这令很多学者感到费解，有人猜测它是属于错简的问题。其实，这只不过是孙子思维跳跃性的一个突出表现而已，《孙子兵法》的其他篇章也有很多类似的内容。

笔者认为，《孙子兵法》之所以体现出这种跳跃性思维特点，一方面是孙子聪明、悟性的表现。一般说来，作为上智者都会有一颗弹性而敏锐的心灵，所考虑的问题纷繁多样，思维的灵感和火花会随时出现，这就难免在内容上有跨度较大的跳跃。另一方面，又和战争问题的错综复杂性有关。充满了战争迷雾的军事战场，各种偶然性因素不断出现，随时随地都会有意想不到的事情发生，这就需要指挥者在判断问题时，不能完全按常规的逻辑推理，而是需要通过跳跃性思维寻求新的思路。当然，这并不影响《孙子兵法》浑然一体的逻辑结构，因为就这一部分的整体内容来看，它又是可以"自成一体"的，都是服务于"用兵之法"或"治军之道"的主题思想，而且正是这种既具有整体性、辩证性，又具有发散性、跳跃性的思维方法，为后人留下思维驰骋的空间，使其内容呈现出深邃博大与绚丽多彩的魅力。

逆向性

逆向思维，是指突破常规考虑问题的固定模式，采取与一般习惯相反的方向进行思考、分析的思维方式。通俗地说，就是倒过来想问题。中国古代之逆向思维，可以在《易经》中找到源头。"《易》，穷则变，变则通，通则久。"当事物的发展到了用常规思维难以行得通的时候，就要运用逆向思维，通过变通获得转机。

作为兵家智者，孙子的逆向思维表现得异常突出，可以说非常自如地体现在不同层次的内容中。在普通人看来，百战百胜不是最好的么？可是孙武能够出人意料地提出："不战而屈人之兵，善之善者也"；在普通的将领看来，将军队置于死地，必然招至全军覆灭的命运，但孙子却在具体分析士兵心理和战场形势的基础上，得出了"愚之亡地然而后存，陷之死地然后生"的真知灼见。这样的例子还可以举出很多，如："以迂为直，以患为利"；"乱生于治，怯生于勇，弱生于强"；"形兵之极，至于无形"；"施无法之赏，悬无政之令"；"将在外，君命有所不受"等等。

必须注意的是，逆向思维的目的在于打破习惯的思维方式，实施变通，从而打乱敌人的部署和计划，最终达到"攻其无备，出其不意"的作战效果。"攻其无备，出其不意"是孙子的一句名言，其实是逆向思维的通俗化。李零教授说："它的特点，就是处处跟敌人拧着来，变着法儿地让对方不痛快。打仗这件事，就是成心跟敌人找别扭，敌人怎么难受怎么干，专门在他预料不到的地方，专门在他预料不到的时间，使劲收拾他。"（《兵以诈立》）在公元前204年爆发的井陉之战中，韩信正是运用出奇不意的逆向思维谋划作战，以不到3万的主力部队，背水列阵（按

空城计（邮票）

《三国演义》书中的著名战例。蜀国丞相诸葛亮驻守的西城被魏国大将司马懿重兵包围，紧急关头，诸葛亮下令大开城门，并登上城头抚琴，司马懿怀疑有诈，迅速退兵，蜀国的西城没有用一兵一卒得以保全。

102

孙子兵法城智字碑

为中国孙子兵法城院内景观标志，喻示孙子兵法的智慧。知与智相通，《孙子兵法》中知字出现 72 次。

照中国古兵法的原则，背水列阵会使自己没有退路，乃是兵家之大忌），诱敌出击，以数千人的小部队奇袭赵营，乱中取胜，一举歼灭号称 20 万的赵军，阵斩赵军主将陈馀，活捉赵王歇，给后世留下"背水一战"的成语故事。

当然，运用逆向思维实施变通，必须建立在对常法深刻了解的基础之上。一味地求新、求异，就好像根本不懂兵法原则的人却要活用兵法，是根本行不通的。从这一角度讲，孙子逆向思维的运用更集中表现为奇正理论。奇正起源于中国古代的兵阵。其奥妙就在于充分利用敌我双方的变化，达到出奇制胜的效果，这显然是对逆向思维方式的活用。李零教授说："奇是置于正外，藏于正后，驾于正上，故意留下的一手，用以制造对立，超越对立，控制对立，解除对立，永远让对方感到意外的一种特殊力量。"（《兵以诈立》）后世兵家正是沿着这一思路对孙子的奇正思想有所发展。唐太宗与大将李靖在有关奇正思想的讨论中说："以奇为正者，敌意其奇，则吾以正击之；以正为奇者，敌意其正，则吾以奇击之。"（《唐李问对》）就是说我方的"奇"与"正"不是固定不变的，"正"可以是"奇"，"奇"也可以是"正"，"正"可以变"奇"，"奇"也可以变"正"，全看对方上当不上当，料到料不到。料到的就是"正"，料不到就是"奇"，往往只是一念之差，玩的全是心跳，一切要以敌方的判断和反应为基准。如《三国演义》里描述的空城计，诸葛亮一生谨慎用兵，这次却一反常态，在城内无兵的情况下大开城门，这是逆司马懿对诸葛亮判断的常规思维而设，换一莽撞武夫，诸葛亮可能就不用空城计了。中国兵家的智慧正在于此，出奇制胜成为后世兵家孜孜以求的境界。

上述思维特质，贯穿于《孙子兵法》十三篇之中，是《孙子兵法》永恒思想价值的重要内核，甚至比《孙子兵法》的一些具体理论观点，具有更为持久的生命力和更加普遍的指导意义。

第四章

《孙子兵法》

在中国战争史上的地位和运用

104

春秋末期军事家孙武及《孙子兵法》竹简（山东临沂银雀山汉墓出土）。

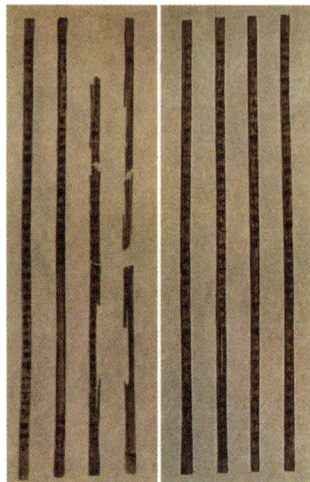

《孙子兵法》是中国历史上最早的也是最完备的兵书，其精深的思想体系，充满睿智的远见卓识，对后世的战争理论和实践都产生了积极而深远的影响，被誉为"百经谈兵之祖"，被奉为战争圭臬。纵观中国战争史和兵学发展史，可以说无处不留下《孙子兵法》的深深印记。

武经之首

《孙子兵法》仅13篇，5000余字，却是中国传统兵学的奠基之作。它在总结以往兵学成果（如《军志》《军政》，古《司马法》、令典等）的基础上，结合当时的战争实践，创造性地建立了一个精美恢宏的兵学体系即古代军事理论体系。这一体系涵盖了中国传统兵学的主要内容，框定了后世兵学的发展方向。正如明人茅元仪所指出的那样："前孙子者，孙子不遗；后孙子者，不能遗孙子。"意思是说对于前人的优秀兵学成果孙子都充分

西周利簋陕西临潼出土。其铭文记载了牧野之战的有关情况。

地继承下来，而后世谈兵者也不得不继承孙子的学说。也就是说，中国兵学在不同的历史时期都有新的发展，但在整个古代都未能突破孙子所构建的兵学体系框架而建立起一个新的体系。因此，后世谈论兵学者，皆以孙子为指向。

《孙子兵法》问世后，由于它真正参悟了战争的禅机、揭示了军事斗争的内在规律而受到世人极大的关注。早在战国末期，已经出现了"藏孙吴之书者，家有之"的局面，足见其流传之广达到家喻户晓的程度。孙子以后的军事家，无不从《孙子兵法》这部旷世巨著中汲取营养。纵观中国古代的兵书战策，几乎无一例外地留有孙子影响的深深印记。对《孙子兵法》一书进行注释、校勘、通解者历代均不乏其人，据不完全统计，凡留下姓氏的注者便达200余家，存世著作达400余部。一部兵学发展史，从某种意义上说，就是《孙子兵法》研究与发展的历史。

吴起是战国时期著名的军事家，著有《吴子》（又称《吴起兵法》）一书。据《史记·孙子吴起列传》记载，吴起曾"学兵法以事鲁君"。从传世《吴子》一书的内容可以推断，这里所说的兵法当包括《孙子兵法》在内。

《吴子》一书，有多处明显师法《孙子兵法》的军事思想。如《料敌》篇说"用兵必须审敌虚实而趋其危"（用兵作战，必先察明敌人的虚实状况，然后攻击敌人既防守薄弱而又紧要的环节），明显是对孙子"避实而击虚"思想的继承和发挥；《料敌》篇中"涉水半渡，可击"，则与孙子"半渡而击"的思想如出一辙。类似的

战国著名军事家吴起
前440年—前381年，战国时期兵家。卫国左氏（山东定陶西）人。善用兵。初任鲁将，继任魏将，屡建战功，后任楚国令尹，主持变法，使楚兵威猛于一时。

战国著名军事家孙膑
孙武的后代，著有《孙膑兵法》。

106

《六韬》与《尉缭子》

《六韬》旧题吕望所著，其实它是战国时期、秦汉之间的兵书，对军队编制、装备、训练、通讯、将领等问题都有广泛论述，对我国古代军事科学发展具有一定意义。

《尉缭子》相传是战国中期军事家尉缭所著，主要讲述用兵的策略。

太公望垂钓图

姜太公是西周著名政治家、军事家，齐国的创立者。古稀之年在渭水边垂钓，幸遇访贤的周文王，才被请入宫中拜为太师，辅助武王伐纣兴周，功莫大焉。

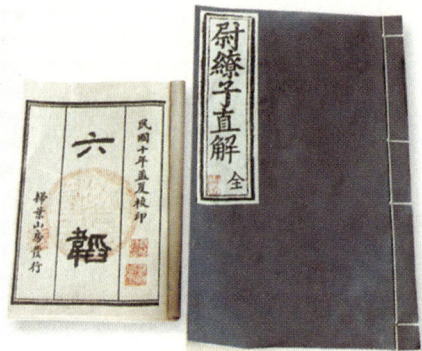

情况还有很多，不再一一列举。

孙子后世子孙孙膑所著《孙膑兵法》祖述、发展了《孙子兵法》的思想，在语言上也多有袭用之处。据说，鬼谷子给孙膑传授《孙子兵法》十三篇时，他爱不释手，日夜不停地研究诵读。三天后，先生一篇一篇地考查，孙膑对答如流，一字不漏，先生高兴地称赞说："孙武子后继有人呢！"史称"孙膑贵势"，即强调形成对己有利的作战态势和对敌具压倒性的冲击力量。实际上其主要思想，如"事备而后动"（一切战争行动必须有充分的准备）、"料敌计险"（预知敌人虚实估计行军险阻）、"居生击死"（占据有利态势攻击必死之敌）等，乃是对《孙子兵法》中知势、造势、任势理论的发展和发挥。孙膑的贡献在于，它根据战国中期战争的新特点，把这些问题阐述得更为具体，运用得更加灵活。

大约成书于战国后期的兵书《尉缭子》（相传为梁惠王时尉缭所作），也深受《孙子兵法》的影响。《尉缭子》中所讲的"道胜"（政治取胜）、"威胜"（军事威慑取胜）、"力胜"（战斗交锋取胜），无疑受到了《孙子兵法》"伐谋""伐交""伐兵"思想的影响。其《武义》篇中提出的反对占星问卜的观点，与孙子强调人事，主张用间以了解敌情的思想是一脉相承的。

大约成书于战国晚期、托名为姜尚所著的《六韬》，对《孙子兵法》的思想亦多有阐述和发展。如《六韬·武韬》提出的"全胜不斗，大兵无创"

（不交战而获全胜，没有伤亡而战胜敌人）的思想实则是对孙子"全胜"思想的注疏和发挥。该书中提到的"欲其西，袭其东"（计划进攻西方之敌，先进攻东方之敌以迷惑敌人）的作战方针，与《孙子兵法》的"攻其无备，出其不意"（在敌人意想不到之处发起进攻）的思想不谋而合。

大约成书于秦汉之际的《三略》（又称《黄石公三略》）在某些方面继承了孙子的思想而又有新的发展。《三略》主张"全胜"，认为将是"国之司命"，强调赏罚严明，与《孙子兵法》有诸多相通之处。

西汉时期，国家对兵书进行了三次较大规模的整理。一次是在汉高祖时，由张良、韩信编订兵法。第二次是在汉武帝时，由军政扬仆"捃摭遗逸，纪奏兵录"，即搜罗采择遗失民间的兵书，编次书录。第三次是在孝成帝时，由任宏"论次兵书"，将其分为"兵权谋""兵形势""兵阴阳""兵技巧"四种，《孙子兵法》位在"兵权谋"之首。这三次整理对《孙子兵法》的定位、定型和流传都具有重要意义，《孙子兵法》对后世的影响日益广泛。

据《汉书》记载，汉武帝曾教其爱将霍去病读"孙、吴兵法"。司马迁称赞霍去病用兵"暗与孙吴通"。西汉名将韩信、冯奉世、赵充国，东汉名将冯异，以及一些文人学者如刘安、王充等，均对《孙子兵法》有深入的研究和很高的造诣，他们在讨论问题、提出见解或进行著述时，常常征引《孙子兵法》。

《汉英对照黄石公三略》书影

雄才大略汉武帝刘彻

前156年—87年，前141至87年在位。汉武帝颇有胆识，卓有才干。故班固说他是雄才大略，毛泽东曾把他和秦始皇相提并论。

元太祖成吉思汗

元太祖，名铁木真，尊号成吉思汗(1162年—1227年)，"深沉有大略，用兵如神"，毛泽东称他为"一代天骄"。古代蒙古族首领，杰出的军事家和政治家。

古隆中，诸葛亮曾隐居于此。

成都武侯祠，西晋末为纪念诸葛亮而建。

石勒城遗址（今山西襄垣东北）

羯族统帅石勒于314年，率精兵向幽州进发，将数千头牛羊赶入城中大街小巷，随之发起进攻，一举破城。

东汉时期已有人将孙子与孔子相提并论。《后汉书·光武帝纪》记载马武所言："天下无主，如有圣人承敝而起，虽仲尼为相，孙子为将，犹恐无能有益。"是说天下纷乱，如有圣人乘机起义，即使以孔子为丞相，孙子为大将，还怕无所作为。将孔子和孙子作为一文一武的代表并题而论。《后汉书·冯异传》有"监六经之论，观孙吴之策"等语。将儒家六经和孙子之策作为文武的代表性经典并列，孙子在中国古代军事思想史上的独特地位开始得到人们的认可。

《孙子兵法》是多极斗争时代的产物，特别适用于多极战略格局下军事的、外交的、政治的等各种形式的斗争与角逐。魏晋南北朝时期多极的斗争格局为《孙子兵法》提供了广阔的用武之地。三国时魏、蜀、吴之间的三角斗争，或蜀吴联合以抗魏，或魏挑起吴蜀之争以坐收渔人之利，将《孙子兵法》的"上兵伐谋，其次罚交"思想在现实中演绎得淋漓尽致。三国时期争战不断，各政治集团都在极力寻求战争制胜之道，《孙子兵法》

受到高度重视。曹操亲自注解《孙子兵法》，并赞叹地说："吾观兵书战策多矣，孙武所著深矣！"是说曹操看了那么多的兵书战策，认为只有孙子的著述深刻独到。曹操用兵深得《孙子兵法》精髓，诸葛亮称许他智计谋略远胜于人，其用兵如同孙子、吴起那样千变万化，不同凡响。

无独有偶，东吴孙权亦十分钟爱《孙子兵法》，要求大将吕蒙、蒋钦"急读孙子"。一代名相诸葛亮，对《孙子兵法》同样十分熟悉并深有研究。他在赤壁之战前夕为孙权分析双方形势时，就曾引用《孙子兵法》的"必蹶上将军"来说明曹军远道奔袭的弊端。诸葛亮还说："战非孙武之谋，无以出以计远。"意思是说应按孙子十三篇所讲的谋略用兵，做到高瞻远瞩，从战争全局出发考虑问题。

两晋南北朝时期，一些著名人物对《孙子兵法》也有着浓厚的兴趣。如《晋书·刘元海载记》云，后汉主刘渊"尤好《春秋左氏传》《孙吴兵法》"。后赵主石勒，目不识书，就让人代读史书，加以借鉴，因而用兵善于出奇制胜，晋将刘琨称赞他"暗与孙吴同契"，说他用兵作战符合孙子、吴起的军事原则。

南朝宋武帝刘裕谋略过人，用兵常合于《孙子兵法》，言论中多有"同舟"、"兵贵神速""众寡""实虚"等词语。而孟氏、张子尚等学者，则承接曹操、王凌

等人的传统，以注解、研究《孙子兵法》为一生的事业。

到唐朝，《孙子兵法》以其博大精深的理论体系，已被人们视为兵书之冠，备受兵家重视。唐太宗李世民说："我看各种兵书，没有超出孙武的范畴的，孙武十三篇没有超出'实虚'二字。"他还说兵法"千章万句，不出乎'致人而不致于人'而已"等语，即兵法无非是讲求自己争取主动而使敌人处于被动状态从而制胜歼敌。《李卫公问对》是以唐太宗与卫国公李靖讨论兵法的形式写成的问答体兵书。该书重点阐释了《孙子兵法》中的致人、奇正、实虚、主客、攻守等军事范畴，对孙子的军事思想多有继承和发挥。李靖曰："善用兵者，无不正，无不奇，使敌莫测。故正亦胜，奇亦胜。"是说善于用兵的人，无时无处不可以为正，无时无处不可以出奇，正亦可以为奇，奇亦可以为正，所以出正兵亦胜，出奇兵亦胜。李靖还说："由军队的分散集中而产生奇正变化的，只有孙武能够做到，吴起以下都比不上他。"李靖要求以正兵对敌之实，以奇兵击敌之虚；利用"示形"，制造假象，荫蔽奇正之变；兵力分散时以集中为奇，兵力集中时以分散为奇。这样便可达到"使敌势常虚，我势常实"的目的，争取作战的主动。这些用兵思想都是来自于孙武而有所发展。

晚唐杜牧以诗闻名于世，学问亦不同一般。杜牧继承其祖父杜佑作《通典》之家学传统，胸怀大志，喜谈政论兵，尤其喜爱《孙子兵法》，并精心为其作注。杜牧曾说："孙子所著十三篇，

宋武帝刘裕
刘裕（363—422），即宋武帝，彭城（今江苏徐州人）。一生征战，善于以谋略取胜，治军严明。

"贞观之治"盛世的唐太宗李世民
599—649，宣扬唐王朝文治武功，是我国古代杰出的军事家和政治家。

自武死后凡千岁，将兵者有成者、有败者，勘其事迹，皆与武所著书一一相抵当，犹印圈模刻，一无差跌。"这是说自古行兵作战合乎《孙子兵法》原则的就会胜利，不合《孙子兵法》原则的就会失败。针对一些人批评《孙子兵法》作战纯用"变诈"的观点，杜牧指出："武之所论，大约用仁义，使机权。"即说孙子作战以仁义为根本，以计谋权变为取胜之道，这是对《孙子兵法》较为全面、准确的评价。

　　北宋建立后，朝廷与北方少数民族政权的战争屡屡失败，从而刺激起宋朝廷乃至整个社会对兵学的重视，出现"士大夫人人言兵"的局面。宋代孙子注家颇多，著名的有梅尧臣、张预、郑友贤等。梅尧臣的注本为《梅圣俞注孙子》，其特点是注重把握《孙子兵法》本义，探究深入，每每能纠正前人注释的谬误，提出一些新的见解，并能用联系、发展的观点来看待孙子的军事命题。《张预注孙子》则是宋代孙子注中的杰作，其特点是集众家之长，成一家之言，且能从总体上把握孙子的原意，揭示诸要素之间的朴素关系，而不是孤立地看问题。特别值得称道的是，张预充分注意到了十三篇篇章结构之间的联系，并进行了较为系统的阐述，说明他已经将《孙子兵法》作为一个兵学体系来加以研究。郑友贤的《十家注孙子遗说》则是一篇研究孙子军事哲学思想的力作，每每能从哲学的高度，辩证地阐述具体的军事观点，颇有高屋建瓴之势。如对孙子"胜可知而不可为"（胜利是可以预知的但不可以主观求得）的观点，是从知与行、主观与客观的角度来论述可知与可为的相互关系；而论及常与变时，则上升到了军事理论与战争实践的相互关系的高度。郑友贤认为，《孙子兵法》就像儒家的经典著作《易经》那样，博大精深，包罗万象，涵盖了兵家学说的一切理论；换言之，就是构成了一个内容完备、理论

112

《武经七书》为中国第一套军事教科书，包括《孙子》《吴子》《司马法》《六韬》《尉缭子》《三略》和《唐太宗李卫公问对》。

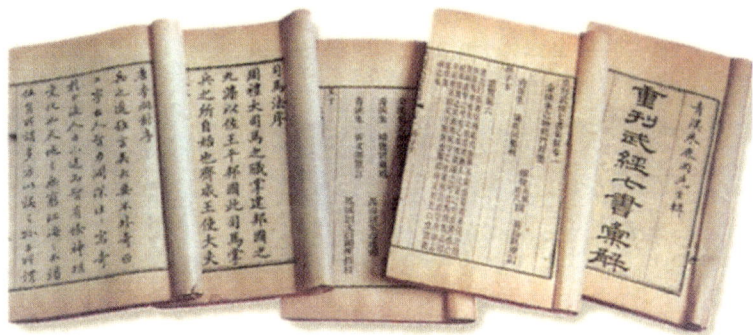

精深的兵学体系。以上三家与王皙、何氏注一起，均收入宋本《十一家注孙子》。

宋代不仅在孙子注释方面成绩巨大，还特别注重运用孙子的思想来分析问题、解决问题。何去非的《何博士备论》和张预的《百将传》，都是以《孙子》的思想来评论军事人物的得失，可以说是《孙子兵法》与军事史论相结合的典范之作。而辛弃疾的《美芹十论》，则是运用孙子的思想来分析、解决现实问题。如其中的《审势》篇，主旨是从孙子的"形势"范畴出发，分析当时的天下大势；《察情》篇则借用孙子"不可胜在己"的思想，来坚定南宋王朝的抗金信心。

元丰三年（公元1080年），宋神宗诏令国子司业朱服、武学博士何去非校订《孙子兵法》《司马法》《尉缭子》《六韬》《三略》《唐李问对》等七种兵书，作为武学课程的必修教材，并雕版印刷以官方名义颁行天下，号称"武经七书"。《孙子兵法》被列在《武经七书》之首，并被称为"正"兵书，如同官方认可或编订的正史，肯定了它在中国传统兵学中的特殊地位。这一官方的定论，也得到了学术界的普遍认同。由于宋代印刷术的进步，《孙子兵法》得到更广泛的流传，以致宋的敌国金国也在刊刻《孙子兵法》。武经本和十一家注本一样，成为传世《孙子兵法》的最主要的版本。

到了明代，《孙子兵法》不仅被朝廷列为将帅必读书，并列为武举的主要考试内容。作为中国历史上继先秦以后又一个兵学大发展的时代，明代《孙子兵法》研究著作颇多，仅收入《孙子学文献提要》的便达到200余部，约占明代全部

明代思想家王阳明

兵书的二成。其中成就较大的有刘
寅的《武经直解》、何守法的音注《武
经七书》、李贽的《七书参同》、王阳
明的《新镌武经七书》、赵本学的《孙
子书校解引类》、茅元仪的《武备志·
兵诀评》等。这些著作的刊行和流传
对于明代乃至后世孙子研究都发挥
了很大的作用。

明代茅元仪汇编
《武备志》书影

明铁佛郎机

　　与唐以前的武人校书和唐宋以
来的文人谈兵不同，明代孙子学研
究群体明显呈现出多层次化的倾向。
这一时期的孙子研究者，既有王世
贞、归有光那样的文坛名宿，也有张
居正、胡宗宪那样的军政要人；还有
王阳明、李贽那样的哲学大师，更不

明军从国外引进
的红夷炮，中国人民
革命军事博物馆陈列。

乏戚继光、俞大猷那样手握重兵的军事将领。这样一个研究群体，不但
能引导学术方向、控制舆论导向，而且具备将研究的理论成果付诸实施
的条件。事实上，明代的孙子学研究也明显体现出注重实际的特点。在

这方面，取得最大
成就的是名将戚继
光。这位既有赫赫
战功，又有《纪效
新书》《练兵实纪》
等著名兵书传世的
军事家，尽管并没
有留下长篇的孙子
专论，但他对孙子
思想的准确把握则
是毋庸置疑的。戚
继光将《孙子兵

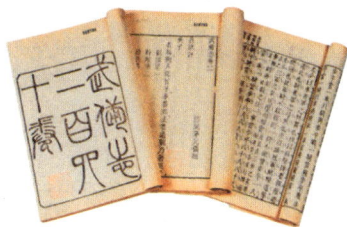

明嘉靖年间造佛
郎机

明 万 历 二 年
(1574) 造佛郎机子铳

郑成功军
用过的大刀与
郑成功铸造的
漳州军饷币

114

山海关明代铁炮
山海关城楼两侧
各安置一门巨型铁炮，
称为"大将军"。炮上
所铸"明崇祯年"的字
样仍清晰可见。

法》比作武库，用兵时用《孙子兵法》如同到武库中取用兵器一样。他还认为："孙武之法，纲领精微莫加焉，第于下手详细节目，则无一及焉。"是说《孙子兵法》讲述行兵作战的基本原则达到后人不可企及的高度，而具体的用兵细节问题则没有论述。戚继光所做的正是在孙子"纲领精微"的基础上，解决"下手详细节目"问题。仔细阅读戚继光的兵书可以发现，戚继光所论正是孙子及后世兵家治军与作战原则在当时条件下的具体化。

《孙子兵法》通篇以智慧为本质特征，孙子的每一句话都是智的凝聚，谋的浓缩，具有永恒的指导价值，不愧是"武经之首"、兵家绝唱。纵观历史不难发现，孙子的思想已经成为一种文化的积淀，不仅规范着兵学的发展，而且深深地影响着后世人们的思维和行为。

战争圭臬

《孙子兵法》出现于春秋时期,在战国时期得到广泛流行。战国以来,由于频繁争战的需要,寻求能够指导战争克敌制胜的理论武器成为当时的必需。《孙子兵法》也因此日益获得世人的青睐,成为在战场上争胜克敌的法宝。

《孙子兵法》以从战略理论的高度论述战争问题而著称,有着丰富而深刻的思想内涵。它以研究战争的普遍规律为目的,强调"庙算"(军事决策)的重要性以及战争与政治、经济、外交、天文、地理等各种因素的关系,指出战争指导者要审时度势,谨慎从事,决不可轻率用兵;追求"不战而屈人之兵"的理想用兵境界,即不用流血作战的手段而使敌人屈从我的意志;主张用兵必须因势利导、因敌制胜,发挥战争中人的主观能动性,诱使敌人走向失败。在战略和战术上要争取主动、抢占先

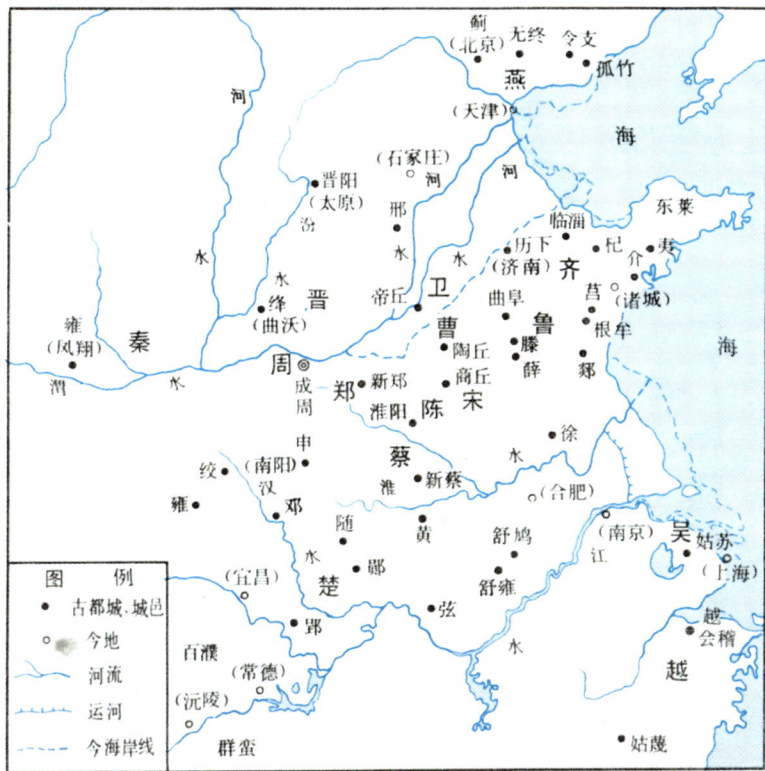

战国七雄形势示意图

经过春秋时期长期激烈的争霸战争,到战国开始,主要的诸侯国有齐、楚、燕、韩、赵、魏、秦等七国,历史上称之为"战国七雄"。

机，尽可能做到"致人而不致于人"，即我方能调动和驾驭敌军行动，而敌军对我无可奈何；认为"兵无成势，无恒形"，要求统兵将帅根据不同的敌情、我情、地形和其他条件，灵活用兵。在作战方向的选择上，主张"避实而击虚"，即将敌人防守薄弱且足以影响全局的关键部位作为攻击的首选目标。在具体战法上，则要求奇正相生，出奇制胜。在兵力的使用上，反对平分兵力，强调要"并敌一向"，用现代军事术语概括就是集中优势兵力以歼灭敌人。在军队建设上，要求带兵要 "令之以文，齐之以武"，恩威并重，刚柔相济。对于统兵将帅则提出了"智、信、仁、勇、严"的五德标准和"静、幽、正、治"的素质要求。总之，《孙子兵法》几乎涉及到战争活动中的所有重大问题。它以理性的态度来研究战争，从纷繁复杂的现象中发现战争活动的关键因素，把握战争的本质，进而提炼出一系列符合战争规律的战略战术原则而为后世兵家所遵奉。后世的军事家们正是由于对《孙子兵法》的灵活把握和创造性地运用，才产生了诸多彪炳史册的光辉战例。

孙武的后世子孙孙膑在桂陵之战中采用的"围魏救赵"之法，是对《孙子兵法》"避实击虚""攻其必救"思想的灵活运用。公元前353年，魏攻赵都邯郸，赵求救于齐。齐以田忌为将、孙膑为军师，率兵8万救赵。孙膑提出乘魏军精锐攻赵，魏都大梁(今河南开封)兵力空虚之机，以轻车锐卒进攻大梁，魏军必回师救大梁，赵都之围自解。齐军在派出精锐进袭大梁的同时，将主力隐蔽在后。魏将庞涓果然中计，撤邯郸之围，兼程回师。孙膑令齐军主力在魏军回师必经的桂陵(今河南长垣西北)道上截击魏车，重创魏军。这就是著

围魏救赵之桂陵之战要图

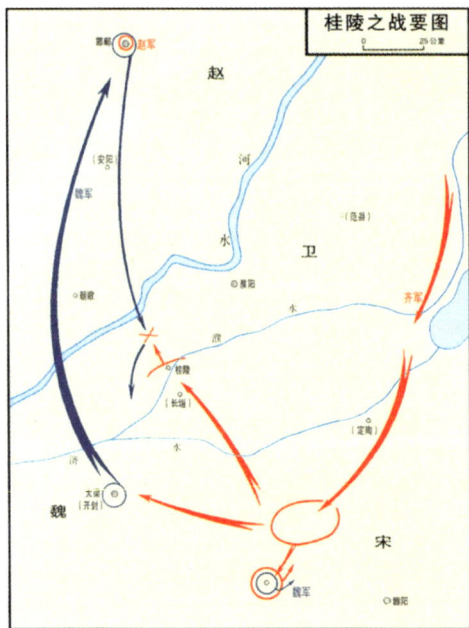

名的"围魏救赵"战法。

公元前343年，魏派庞涓率军攻韩。次年，田忌与孙膑率10万大军救韩。孙膑仍用"围魏救赵"的战法，诱魏军回师，然后假称齐军班师回国。魏以10万大军追击齐军，孙膑采用逐日减灶的方法，使庞涓误认为齐军士兵逃亡严重，以骄纵其心。庞涓再次中计，弃其步军，率其轻车锐骑昼夜兼程追赶。孙膑利用马陵(今山东郯城境内)道路狭窄、两旁多险隘的有利地形，埋下伏兵。魏军夜至马陵，疲惫不堪。齐军万箭齐发，魏军大败，庞涓愤懑自杀。孙膑以其攻其必救、示形诱敌的军事艺术及其对地形的巧妙利用在实践上证明了《孙子兵法》军事原则的无比正确性。

汉朝韩信对《孙子兵法》作了精深的研究。他行师用兵，最善于活用《孙子兵法》(见《史记·淮阴侯列传》)。

马陵之战

公元前341年，魏军攻韩，韩向齐求救。齐王命田忌为主将，孙膑为军师，领兵攻魏救韩。魏将庞涓忙率兵10万迎战。孙膑指挥齐军一边撤兵，一边减灶诱敌。庞涓果然中计。他见齐军炉灶大减，以为齐军已逃亡过半，于是率轻车锐骑直追。齐军在地势险要的马陵道设下埋伏。等傍晚魏军赶到时，万弩齐发，魏军死伤大半，庞涓自杀。此战是中国战争史上设伏歼敌的著名战例。

拜将台

位于陕西汉中南门外，相传是刘邦拜韩信为将时所筑。

西汉铁鱼鳞甲
（复原）

118　原物从河北满
城中山靖王刘胜墓
出土。

公元前204
年，韩信指挥了
井陉破赵之战。
赵王歇与代王陈
馀聚兵20万，准
备在井陉口（今河
北获鹿西土门）一
带与韩信的数万
兵决战。韩信在
半夜选2000轻骑，每人手持一面赤旗，从小路赶往抱犊山（今获鹿西北）
隐蔽；又派兵万人行经绵蔓水背水列阵。背水布阵按作战常规为绝地，赵
军于是尽笑韩信不懂兵法。韩信打出大将旗帜，一路擂鼓而出井陉口，赵
军出垒攻击汉军。韩信佯败，赵军空垒而出追逐汉军。韩信所领人马与
背水列阵的万名士兵合力以拒赵军；埋伏于抱犊山的轻骑乘机驰入赵军
壁垒，树起2000面赤旗。赵军见不能打败韩信，回头欲引师归营，看见
壁垒中尽是汉军旗帜，顿时溃乱。汉军乘势两面夹击，大破赵军，斩陈
馀，俘赵王歇。此战灵活运用《孙子兵法》"置之亡地然而后存，陷之死
地然后生"的战法，成为中国古代战争史上灵活用兵、以少胜多的著名
战例。

　　汉武帝依照孙子"上兵伐谋，其次伐交"的原则，在即位的第二年，
就发起外交攻势，争取盟国，孤立匈奴，因此便有了张骞通西域的壮举。
成功的"伐交"，为北击匈奴的胜利奠定了良好的基础。

东汉名将马援
马援用米堆地
形模型分析敌情，
研究作战计划，这
是中外军事史上
沙盘作业在作战
中应用的最早实
例。

东汉名将马援深得《孙子兵法》奇正相生用兵之道，指挥作战每每能出奇制胜。建武十一年(35年)马援任陇西太守，与诸羌接连三战，先击溃羌人前锋；再秘密从小道前进，出其不意，进攻羌人营盘，使敌军四散溃逃；羌人把精兵集合在北山之上，马援向着北山排开阵势，而暗中分遣轻骑绕袭敌后，乘夜放火，击鼓呐喊，于是大败羌人，边境安定下来。

曹操是历史上不可多得的将军事理论与战争实践相结合的军事家，指挥过许多著名的战役、战斗。在用兵作战方面，曹操继承孙子"兵以诈立"的思想，强调"以诡诈为道"，巧用奇兵，应机变化而制胜。如建安三年(198年)，曹操围张绣于河南邓州，刘表遣军援张绣，对曹军形成东西夹击之势。曹操撤围东退，诱张绣来追。曹操又伪装溃逃的假象，再诱张绣、刘表两军竭力追赶，然后突出奇兵，大破敌军。

公元200年，曹操刚解了白马之围，带着白马城中百姓向西行军，袁绍大军逐渐赶上来。曹操看到原先缴获的军需辎重，灵机一动，下令将辎重全部撤下，将士下马解鞍，让部队占据有利地势休息。袁绍骑兵纷纷抢夺辎重，乱作一团。曹操挥军直扑敌

铁盾（复原）
据《史记》记载，樊哙护卫刘邦赴鸿门宴时就手持铁盾。

东吴大帝孙权
182年—252年，字仲谋，吴郡富春（今浙江富阳）人，三国时期吴国建立者，史称东吴大帝。

三国时期铁戟与铁箭镞

江陵古城
遗址
　219年，吴
将吕蒙乘关羽
率主力进攻曹
魏襄阳、樊城，
江陵空虚之机，
一举袭占江陵。

军，袁军顿时被杀的七零八落。从这里可以看出，曹操用兵，深合孙子
利而诱之，乱而取之的思想。

　　孙权出富春孙氏，号称孙武之后（见《三国志·吴书·孙破虏讨逆
传》）。他喜欢读兵书，对《孙子兵法》宠爱有加，要部下也读。

　　吴国大将吕蒙，本来不读书，孙权劝他读书，他说军务太忙，没时
间，不读。孙权说，我又没叫你死抠经书当博士。从前，光武帝也忙军
务，却手不释卷；人家曹操，偌大年纪，也老而好学。你还不快去读《孙
子》《六韬》《左传》等书。吕蒙读了，简直像换了个人。鲁肃夸他学问
大，不再是以前的"吴下阿蒙"。他自己也说，士别三日，当刮目相看（见
《三国志·吴志·吕蒙传》注引《江表传》）。出奇兵袭取荆州一役，可以
看出吕蒙勇而有谋，《孙子兵法》没有白读。当时关羽替刘备镇守荆州，
常有东击吴国之心。孙权接受吕蒙的建议，决定攻取荆州。吕蒙驻兵陆
口，外表上与关羽加倍修好。关羽进攻
曹军驻守的樊城，留下一部分兵力驻守
公安、南郡，防范吕蒙。吕蒙窥知其意，
假装病重被召回建业。关羽中计，逐渐
撤除公安、南郡兵力，开赴樊城。吕蒙
部队假扮商人，轻易袭取南郡、江陵。并
安抚慰问蜀军将士的家属，厚待关羽的
使者。蜀军丧失斗志，关羽势穷力孤，败

唐代名将张巡
　709年——757年，
邓州南阳（今属河
南）人，唐代名将。
在平定安史之乱中
发挥了重要作用。

逃麦城，荆州被吴国平定。吕蒙袭荆州之战，是中国历史上奇袭制胜的典型战例。

诸葛亮草船借箭，是家喻户晓的故事。但这是小说家言。然而，历史上却真有一个类似的故事，那就是张巡的草人借箭。

唐朝安史之乱时，唐将张巡把守真源城打退了叛军一次又一次的进攻，但城中的箭支快要用完了。于是，张巡想到了向敌人"借"箭。这天傍晚，城头上人影攒动，似乎表明守军将有新动作，引起了围城叛军的注意。果然，半夜时分隐约看到城头上垂下成百上千的士兵，叛将立即命令弓箭手朝城上士兵射箭。射了半天，却不见一个人掉下城来。等叛军弄明白是怎么回事，城中守军早已赚得叛军几万支箭。过了几天，半夜时分城中又垂下成百上千的士兵，叛将以为这不过是故伎重演罢了，命令士兵不可射箭。城上这样搞了几次，叛军再也不当回事了，既不放箭，也不应战，只觉得好笑。张巡见时机已到，一天夜里将城中500名勇士垂下，突袭叛军营寨，叛军大乱。这时城中又杀出一支人马，一片杀声，叛军心惊胆寒，一败而不可收拾。张巡采取以假乱真的手段，先是借箭，

张巡草人借箭

朱元璋，即明太祖，字国瑞，濠州（今安徽凤阳）人。明朝开国皇帝，著名军事家。

"同治中兴第一功臣"、湘军统帅曾国藩

湘军将领胡林翼

《曾胡治兵语录》书影

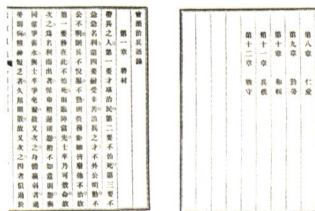

蔡锷
1882年—1916年，湖南邵阳人。民主革命家、军事家。

继而惑敌，最后出奇制胜，将孙子的诡道理论发挥得淋漓尽致。

公元1360年，占据长江中游的陈友谅率领强大的水军，从采石沿江东下，进攻应天府，一心想并吞朱元璋占领的地盘。朱元璋的部将康茂才跟陈友谅是老相识。朱元璋把康茂才找来，对他说："这次陈友谅来进攻，我要引他上钩。请你写封信给陈友谅，假装投降，答应做他的内应；再给他一点假情报，要他兵分三路攻打应天，分散他的兵力。"康茂才按照朱元璋的安排给陈友谅写了信。陈友谅果然上当。约定在卢龙山（今南京狮子山）木桥汇合。朱元璋从陈友谅的逃兵那儿得到情报，弄清楚他们进攻的路线，就让大将徐达、常遇春等分几路在沿江几个重要关口埋伏了人马。朱元璋亲自统率大军守在卢龙山，只等陈友谅自投罗网。

陈友谅立刻下令全体水军出发，由他亲自带领，直驶江东桥。哪想到到了约定地点，竟没见木桥，只有石桥。陈友谅这才想到自己上了当，急忙命令船队撤退。朱元璋立刻叫兵士发动进攻。陈友谅受到突然袭击，几万大军一下子乱了套，陈友谅在部将保护下，抢了一条小船，总算逃了命。这次作战，充分体现了孙子"以利诱之，以本待之"的思想。

历史进入晚清之后，由于近代西方思潮的影响，志士学者关注的目标转向西学，《孙子兵法》失去了往日的地位，缺乏新的研究成果。但具有两千多年传承历史的《孙子兵法》作为深厚的文化积淀已深深印在中国人的脑海中，在近代军事实践中已无时不看到《孙子兵法》的影子。以镇压太平天国起义而起家的曾国藩、胡林翼在军事思想上多师法《孙子兵法》。中国近代军事家蔡锷编著《曾胡治兵语录》，这一语录体兵书详细论述了曾、胡的治军思想，是蒋介石随身必读之书。

比较曾、胡、蔡与孙子所言，不难看出他们之间在军事学术上的传承关系。《曾胡治兵语录》中明引《孙子兵法》的地方不少，而暗引《孙子兵法》的地方尤多，如主客、实虚、攻守、治乱等等问题，都属于孙子军事思想的范畴。《曾胡用兵语录》在诸多方面暗合《孙子兵法》，为曾国藩、胡林翼成功的军事实践找到了注脚。

不仅封建将帅们青睐《孙子兵法》，就连农民起义的领袖也多有从中汲取营养以克敌制胜者。太平天国著名军事家石达开就是其中的杰出代表。石达开少年时代尤其爱读《孙子兵法》，行兵作战深受其影响。

金田起义初期，当洪秀全、杨秀清率领太平军主力北上，抵达长沙外围时，北临坚城，西濒湘江，后有追兵，形势十分不利。这时石达开率奇兵一支渡过湘江，抢在清军之前占领了西岸的

太平天国领袖洪秀全与象征太平天国最高军政权力的天王玉玺

太平军武器装备。上两幅为太平军制造、使用的大炮。下左图为太平军用过的铁刀、手枪。下右图为刻有"李秀成"铭的太平天国将领佩剑。

有利阵地。不久，清军提督向荣率部来攻，石达开依据地利在水陆洲(今橘子洲)依林设伏，当即歼灭清军千余人，向荣只身逃脱。此战大大改善了太平军的被动态势。

从上述精彩战例可以看出，《孙子兵法》对战争有着永恒的指导价值。《孙子兵法》所阐述的战争规律和原则，体现的人文睿智和高超谋略，成为后世兵家取之不尽、用之不竭的智慧源泉。

浴火重生

历史进入近代，西方以坚船利炮叩开中国的大门，中西方文化开始了直接的碰撞。西方近代军事科学的进步，以及中国在近代对外战争中的弱势地位，促使国人对以《孙子兵法》为代表的传统兵学理论进行反思，传统兵学面临着从未有过的新挑战。在经过一段时间的质疑和沉寂之后，一些有识之士逐渐认识到，以《孙子兵法》为代表的兵学理论，仍有其合理的内核。如果能吸收西方近代军事学的精华，以适应新的军事实践的需要，古老的兵法必将再次焕发青春。正是在这种认识下，孙子研究终于在一个新的高度上重新开始了。

这一时期的孙子研究和传统的孙子研究相比，有了重大变化。一是《孙子兵法》研究与近代战争实践结合紧密，在战役战术乃至战略思想阐发上均有新的重大发展；和冷兵器时代诸注家阐发的理论相比，已有

沙盘作业
清朝设练习兵处、统管全国新兵的编练事宜。图为新兵军官正进行沙盘作业。

了质的飞跃。二是《孙子兵法》理论与西方军事理论在碰撞中相融合，使孙子研究因而获得新生。三是注重对《孙子兵法》的军事理论进行

广东黄埔要塞
德制克虏伯大炮

系统阐发，而不只是训字、注词、解句、讲章，已初步将《孙子兵法》的军事理论用近代军事学术语概括为战争问题、战争指导、战略战术、治军思想等几个方面，为后人更科学地探索《孙子兵法》的军事理论打下了基础。

1900年，顾福棠的《孙子集解》问世，这是晚清第一部用新思路研究《孙子兵法》的专著。顾福棠说：《孙子兵法》"言约而意博，始于计而终于反间，经之以形、势，纬之以火攻、奇权、秘算，悉举天下古今之兵说包括于其中。此诚千古兵家之祖，兵家之师也"。这是说《孙子兵法》要言不烦，包举大端，对战争具有永恒的的指导价值。该书首次引用了大量的欧美战例，以印证《孙子兵法》的作战理论。其中有拿破仑战争、美国独立战争、美国南北战争、普法战争等。《孙子集解》对促进《孙子兵法》与近代军事学的结合做出了开拓性的成绩。

这一时期较有影响的孙子研究著作还有：蒋方震、刘邦骥的《孙子浅说》、李浴日的《孙子兵法之综合研究》、公羊寿的《孙子兵法哲理研究》、钱基博的《孙子章句训义》、陈启天的《孙子兵法校释》等。蒋氏早年曾留学日本士官学校步兵科，并以毕业考试第一名的成绩引起中日两国军界人士的瞩目，后又赴当时被认为是世界上陆军力量最强的德国实习。之后当过保定军校的校长，曾出掌陆军大学，在民国军界很有名。他曾著《孙子新释》，刊载于梁启超办的《庸言》杂志第5号（1914年）上，这是他系统地运用西方近代军事理论研究

近代军事家蒋方震
民国时期著名军事理论家，浙江海宁人，国民党追赠其为陆军上将。他精研兵法，著述宏富，赢得"兵学泰斗"之美誉。

《孙子兵法》的开始。这部书是作者赴德国学习军事归国后所写。后与刘邦骥合作，参合旧注，合编为《孙子浅说》（1915年）。作者在《孙子新释·缘起》中说道："吾欲取他国之学说，输之中国，吾盍若举我先民固有之说，而光扬大之？"正是在这种高度评价祖国兵学文化遗产并决心将其发扬光大的思想指导下，他运用西方军事理论的观点来研究《孙子兵法》，对《孙子兵法》兵学体系进行重新诠释。该书思路开阔，或引用名家言论，或以《孙子兵法》中的一个观点附以己见，多联系实际，多有引伸和发挥，每每切中要害。

虽然《孙子新释》并不是一部完整注疏《孙子兵法》的著作，仅包括缘起和计篇两部分，但作者却能按照《计篇》内在的体系分为五部分，即战争的定义、建军原则、开战前的准备、战略战术之要纲、胜负原因，并分别加以注解。书中多引用克劳塞维茨、毛奇等人的言论，并重点对为将"五德"作了解释与分析。该书标志着《孙子兵法》研究已经进入了与近现代西方军事理论全面融合的新阶段。

德国近代军事家毛奇
德国军事家、军事理论家、元帅。又称老毛奇。

蒋方震还尝试用近代军事理论揭示十三篇所包含之军事思想体系，认为《计篇》论军政与主德之关系，《作战篇》论军政与财政之关系，《谋攻篇》论军政与外交之关系，《形篇》论军政与内政之关系。公羊寿从近代军事学出发，将《孙子兵法》兵学体系归纳为定谋、命将、出师、审形、窥势、接战、攻守、因敌和用间等十个相互关联的方面，并将十三篇的有关内容按照这十个方面重新进行组合。所有这些，都是对历代《孙子兵法》研究的突破，标志着对《孙子兵

德国近代军事家克劳塞维茨
著有《战争论》等军事著作。

法》研究与世界军事史研究的有机结合，因而具有显著的开拓性意义。

著名国学家钱基博抗日战争期间积极宣传抗战，又与浙江大学顾谷宜教授合作，从俄文本翻译出《德国兵家克劳塞维兹兵法精义》。民国二十八年（1939年），钱基博应国民党南岳抗日干部训练班教育长李默庵之请，赴南岳讲授《孙子兵法》。钱基博著有《增订新战史例·孙子章句训义》（上海：商务印书馆，1947年）。该书旁征博引，借近代欧洲的"新战史例"讲中国旧典，取克劳塞维茨《战争论》有关论述和二次大战中的战例对《孙子兵法》之义予以阐发说明。钱基博的书，蒋方震的书，都拿《战争论》和《孙子兵法》做比较，可以代表中西相参的新学术风气。

民国著名军事学家杨杰（1889－1949年）喜读古

邮票——台儿庄大捷

日本全面发动侵华战争初期，其华北方面军分两路向徐州门户台儿庄推进，意在打通津浦铁路线，连结华北、华中战场。中国守军奋勇抗击，以损失近两万人的代价，重挫日军，取得了继平型关大捷后正面战场上的重大胜利。

代兵书，对《孙子兵法》尤有心得。杨杰曾就读于云南陆军武备学堂，保送北洋保定武备学堂，后官费到日本士官学校学习。他精心研究《孙子兵法》《战争论》等中外军事理论，曾先后担任参谋部次长、陆军大学教育长。他通晓英、德、日、俄、拉丁等语言，曾赴欧洲29国考察军事，结识丘吉尔、斯大林等外国首脑，成为国际知名的军事学者。斯大林盛赞他的《蒙古骑兵之性质及其使用方法》一书，称其为战略专家。英国国防大臣在与之谈论第一次世界大战时，拿出伪造的英国国防计划书给杨杰看。杨杰看后说这个计划不是真的，否则英国必定要亡国。国防大臣惊讶地问他应如何修改？杨杰讲出的修改意见与真的计划大同小异。该国防大臣非常钦佩杨杰的军事造诣，称其为军学泰斗。杨杰著有《国防新论》《孙子兵法解》《孙武子》等著作，高度评价孙子的军事思想。

再现辉煌

产生于两千多年前的冷兵器时代的《孙子兵法》在近现代战争实践中究竟有多大的理论价值和指导意义呢？年轻的中国共产党人领导的革命战争的成功对这个问题给予了肯定的回答。对传统军事著作特别是《孙子兵法》所阐述的军事思想的继承和发展，是他们成功的思想武器之一。

一代巨人毛泽东

毛泽东，这位集军事统帅和军事理论家于一身的世纪巨人与《孙子兵法》的血脉联系是很密切的。毛泽东的军事思想，更多地受了中国古代军事思想的启发，是对中国古代优秀的军事文化遗产、尤其是《孙子兵法》的运用、发展、继承和创新的结果。

战斗中的红军

　　毛泽东曾经对人讲过："我确实读了许多中国古时打仗的书，研究过《孙子兵法》之类的著作。"1936年，毛泽东还曾嘱托在西安做统战工作的叶剑英和刘鼎给他买一部《孙子兵法》。在毛泽东的军事著作中，曾多次引用"知彼知己，百战不殆"这一千古不易的至理名言。毛泽东说："中国古代大军事家孙武子书上'知彼知己，百战不殆'这句话，是包括学习和使用两个阶段说的，包括从认识客观实际中的发展规律，并按照这些规律，去决定自己的行动克服当前敌人而说的；我们不要轻看这句话。"又说："孙子的规律，'知彼知己，百战不殆'乃至今天仍是科学真理"。毛泽东对《孙子兵法》的掌握和运用，可谓达到了炉火纯青的境界。红军时期毛泽东总结的游击战争的"十六字诀"——敌进我退，敌驻我扰，敌疲我打，敌退我追，实为孙武"强而避之，怒而挠之"（《计篇》）等谋略理论的运用。

　　"避其锐气，击其惰归"是毛泽东在

平型关大捷
八路军115师
开赴平型关前线

莱芜战
役全歼国
民党李仙
洲集团近
六万人

《中国革命战争的战略问题》中重点阐述和发挥的一个重要军事原则。他指出："弱军对强军的作战必要条件之一，就是拣弱的打"。他在总结红军三次反围剿均取得胜利的经验时认为，在数量上和强度上都超过红军甚远的敌军面前，决不能正面出击，即所谓的"御敌于国门之外"，而是要采取"避实击虚"的原则，避开敌人的锐气，通过战略退却，打运动战，诱敌深入，在"牵着敌人鼻子走"的过程中一方面把敌军拖得精疲力竭、士气沮丧；一方面使敌军逐渐暴露出他们的弱点，然后针对其弱旅或孤立无援之敌，集中兵力，一举全歼。在敌强我弱的情况下，不可能迅速取胜，决不能盲目前进，或死打硬拼，必须避其锐气以保存军事实力，以待机破敌。这是积极的防御战略的实施，与《孙子兵法》不谋而合。

孙武主张作战指挥上的灵活性，反对生搬硬套，一成不变。毛泽东联系岳飞的"运用之妙、存乎一心"的用兵之道指出，这个"妙"，我们叫灵活性。灵活，是聪明的指挥员基于客观情况，审时度势而采取的及时的和恰当的处置方法的一种才能，即是所谓的"运用之妙"。基于这种"运用之妙"，外线的速决的进攻战就能较多地取得胜利，就能转变敌我优劣形势，就能实现我对于敌的主动性，就能压倒敌人而击破之，而最后胜利就属于我们了。毛泽东指挥的四渡赤水、莱芜战役、淮海战役、抗美援朝第一战役等许多著名战役，都是不断根据敌情变化，适时改变作战部署，始终保持先机制敌，终于取得战役胜利的典型战例。毛泽东关于因敌而异、灵活决定作战方针、使用兵力的理论和实践，大大丰富了孙武"因敌而制胜"的军事原则。

毛泽东对孙子的"兵者，诡道"的思想深有体会。毛泽东在他的《论持久战》中指出："有计划地造成敌人错觉，给以不意的攻击"；"要把敌人的眼睛和耳朵尽可能地封住，使他们变成瞎子和聋子，要把他们指挥员的心尽可能地弄得混乱些，使他们变成疯子，用以争取自己的胜利。"在实战上，毛泽东最善于使用声东击西战术，牵着敌人的鼻子走，把敌人拖疲拖死，在运动战中寻机歼敌。

正由于毛泽东深厚的中国传统兵法的功底和对中国特殊国情的认识，他才领导工农创建了蓬勃发展的中央革命根据地，才领导中国革命找到了一条正确的工农武装斗争的道路，才大智大勇地粉碎了蒋介石的军事围剿。在遵义会议上，曾有人讥笑毛泽东只不过是读了点《孙子兵法》而已。毛泽东立即反问：你晓得《孙子兵法》有几章？正是基于《孙子兵法》的声东击西、攻其不备、出其不意、避实击虚等军事原则的灵活运用和创造性的发挥，毛泽东才把红军从危局中解救出来，上演了一幕幕精彩的活剧。《孙子兵法》永恒的军事指导价值在毛泽东的军事生涯中得到了突出的体现。

四渡赤水战役是毛泽东军事指挥艺术的巅峰之作，也是孙子的军事思想在现代战争条件下依然具有指导意义的明证。红军进占遵义后，蒋介石调集大军，向遵义地区进逼，企图阻止中央红军北进四川同红四方面军会合，或东入湖南同红二、红六军团会合，围歼中央红军于乌江西

红军飞夺泸定桥
图为泸定桥旧址

北的川黔两省边境地区。此时，中共中央、中革军委决定中央红军由遵义地区北上，在泸州上游北渡长江，进至川西北地区，同红四方面军一起实行总的反攻，争取赤化四川。如渡江不成，则暂时留在川南活动，并伺机从宜宾上游北渡金沙江。

1935年1月19日，中央红军向土城方向开进。1月28日拂晓，红军一部从南北两面向青岗坡地区之敌发起猛攻，虽予敌以重创，但未能全歼该敌。此时，川敌后续部队两个旅迅速增援上来，位于赤水城以南的川敌两个旅也从西北向红军侧背攻击。中革军委果断决定，立即撤出战斗，向古蔺南部地区前进，寻机北渡长江。

1月29日，红军主力分三路西渡赤水河，向古蔺、叙永地区前进。中共中央和中革军委鉴于敌人已经加强了长江沿岸防御，并以优势兵力分路向我进逼，乃于2月7日决定暂缓执行北渡长江的原计划，命令各军团迅速摆脱四川追敌，改向川滇边的扎西（今威信）地区集中。

红军进至扎西地区，敌人仍判断红军将北渡长江，除向宜宾段各主要渡口增兵外，又调滇军和川军潘文华部向扎西地区逼近，企图对红军分进合击。鉴于敌军主力已大部被红军吸引到川滇边境、黔北兵力空虚的情况，红军决定出敌不意回师东进，折回贵州。红军在太平渡、二郎滩第二次渡过赤水河，再次攻占了遵义城。

红军遵义大捷后，蒋介石于3月2日急忙飞往重庆，亲自指挥对红军的围攻，企图采取堡垒与重点进攻相结合的战法，南守北攻，围歼红军于遵义、鸭溪这一狭窄地区。为粉碎敌人新的围攻，红军将计就计，伪装在遵义地区徘徊寻敌，以诱敌迫进。红军这一行动果然

乌江天险
1935年1月，为实现新的战略方针，中央红军强渡乌江，把国民党"追剿"军甩在乌江以南地区。

调动了敌人，当敌吴奇伟部北渡乌江和滇军孙渡部靠近红军之际，红军突然转兵向北，从茅台第三次渡过赤水河，再入川南。敌误以为红军又要北渡长江，急忙调整部署，向川南压逼红军，企图再次对红军形成合围，聚歼红军于长江南岸地区。有鉴于此，红军以快速的行动回师东进，第四次渡过赤水河，再次折回贵州境内。红军主力向南全部渡过乌江，巧妙地脱离了敌人的包围圈。

遵义会议后的红军，在毛泽东直接指挥下，声东击西，避敌之长，击敌之短，一再造成敌人的错觉，积极创造战机，以运动战歼敌。四渡赤水成为毛泽东军事生涯中的神来之笔。孙子避实击虚、示形动敌的用兵原则，在这里得到了充分的展示。

抗战初期的毛泽东

美国海军陆战队准将、研究孙子的军人专家塞缪尔·格里菲斯在《孙子兵法》英译本前言里谈到："孙子的思想对毛泽东影响很大。这明显地表现在毛的军事战略和战术的著作中，其中《抗日游击战争的战略问题》《论持久战》《中国革命战争的战略问题》等文章尤为突出。毛显然注意到《孙子兵法》的原则既适于指导热战，也适于指导冷

毛泽东和小八路亲切交谈。

邮票——百团大战

134

抗日战争时期，八路军在华北地区使用105个团的兵力，向日军占领的交通线和据点发动大规模进攻，沉重打击了日军"铁路为柱，公路为链，碉堡为锁"的囚笼政策。

战。虽然多年之后他才有机会把《孙子兵法》的原则运用于反对外国'帝国主义'的冷战中，但他未等多久就有机会在同蒋介石的热战中运用这些原则，并取得了惊人的成功。"

毛泽东经历了长期的革命战争的实践，他对战争的认识、他的战争指导艺术无不显示《孙子兵法》对他的影响。1936年，毛泽东在他写的《中国革命战争的战略问题》中，便多处引用《孙子兵法》的理论来总结中国革命战争经验。如他引用了《军争篇》的"以佚待劳，以饱待饥""避其锐气，击其惰归"，《计篇》的"攻其无备，出其不意"，《谋攻篇》的"知彼知己，百战不殆"等。

毛泽东在解放战争时期总结的、构成毛泽东战略、战术理论核心内容的"十大军事原则"无不体现着《孙子兵法》的精髓和灵魂。如其中的第一条"先打分散和孤立之敌，后打集中和强大之敌"，可以说是孙子"避实击虚"思想的具体化；第四条"每战集中绝对优势兵力（两倍、三倍、四倍、有时甚至是五倍或六倍于敌之兵力），四面包围敌人，力求全歼，不使漏网"，则充分体现了孙子"并敌一向"的思想；而第五条"不打无准备之仗，不打无把握之仗，每战都应力求有准备，力求在敌我条件对比下有胜利的把握"，更是与孙子的先胜思想一脉相承。

在毛泽东的《孙子兵法》研究史上，指导郭化若研究《孙子兵法》是其中一项重要活动。毛泽东具体指导郭化若研究《孙子兵法》起始于抗日战争初期，他在谈话中为郭化若确定了研究的方向、目的和方法。1939年8月，毛泽东曾对他身边的"高参"郭化若说：要为了发扬中华民族的历史遗产去读孙子的书，要精滤《孙子兵法》中卓越的战略思想，批判地接受其战争指导的法则与原理，并以新的内容去充实它。他还说，应深刻研究孙子所处时代的社会政治经济情况，哲学思想，以及孙子以前的兵学思想，然后对《孙子兵法》本身作研究，才能深刻地理解《孙子兵法》。毛泽东本人正是这样身体力行的。他在指挥中国革命战争的过程中，充分借鉴和汲取了《孙子兵法》的思想精华，继承和发展了这一古代兵学圣典，使其内涵的辩证法光辉发出耀眼的光芒。

毛泽东晚年，批示郭化若重新修改出版《孙子今译》，"并希将孙子序言改版，写一篇批判吸收性的序言"。郭化若遵嘱，前后十余年，整理《孙子兵法》文献，译注《孙子兵法》文本，数次修改序言，出版了《孙子今译》（1977）、《十一家注孙子》（1978）、《孙子译注》（1984）等专著。郭化若受毛泽东之命研究《孙子兵法》，倾注了大半生心血，这也成就了他"运用马克思主义立场和观点研究《孙子兵法》第一人"的学术地位，被誉为"一代儒将"。

中国共产党的许多高级将领都对《孙子兵法》有着精深的研究。被陈毅元帅赞为"论兵新孙吴"的"大军事家"（邓小平语）刘伯承元帅

"一代儒将"郭化若

著有《孙子今译》《孙子译注》等，是新中国成立后孙子研究的奠基者。

刘伯承检阅陇海战役参战部队

可谓现代战争时期善用《孙子兵法》的代表人物。早在1912年就学重庆军政府陆军将弁学堂期间，刘伯承将《孙子兵法》不知读了多少遍，几乎能一字一句背下来。1936年秋，在长征路上，刘伯承对夫人汪荣华说："要打胜仗，要讲究谋略，讲战略、战术，就得多读书，多研究。《孙子兵法》《三国演义》《史记》《汉书》，我们要读，要研究。"1950年冬，中国人民解放军军事学院刚刚成立，当时任院长的刘伯承就积极倡导研究《孙子兵法》，将《孙子兵法》作为"战役法"课程的指导教材。刘伯承对孙子兵学体系进行了精深的研究，曾亲自校订"兵势篇"。陶汉章在《孙子兵法概论》(解放军出版社1985年版)一书中追述，刘伯承元帅曾将孙子兵学体系概括为谋略、兵势、正兵与奇兵、实和虚、用兵的主动性和灵活性、用间等六个方面，并在军事学院课堂上给学员作系列的讲述。

刘伯承引用《孙子兵法》最多的句子是"知彼知己，百战不殆"，并从此发展出自己的"五行"理论。"五行不定，输得干干净净"，是刘伯承指挥作战常说的最有名的一句话。"五行"在中国传统文化中本来是指金、木、水、火、土五种最基本的元素，它们的相生相克演化出了世间的万事万物。刘伯承借"五行"这个术语，用来表述任务、敌情、我情、地形和时间这五件事。刘伯承认为，指挥作战定下决心，是以这五件事为基础的；如果在这五件事上弄得不清不楚，即"五行不定"，必会损兵折将。"敌情""我情"即为《孙子兵法》中"知彼知己"的翻新，刘伯

邮票——游击战

刘伯承和
邓小平部署渡
江作战

承继承了孙子对地形的价值的重视,将其列入"五行"之中。《孙子兵法》云:"夫地形者,兵之助也";"知天知地,胜乃不穷"。善于利用地形,常常可以收到意想不到的效果。刘伯承在其译文《论苏军合围钳形攻势》一文的译后言里写道:"首先要解答的问题,就是何处地形便于我们围歼敌人,该敌将利用何种障碍来抵抗。其次需要回答的问题,是敌人在不断地被围歼有了失败的经验知识,处在这种地形将如何行动。假如我们对敌情地形判断正确,善于集中绝对优势兵力,又善于利用地形,隐蔽合围,对准敌人之弱点,实施突然的钳形突击,就容易收到歼敌之效。"刘伯承百战百胜,其常胜的妙诀,就是未战而先定"五行"。刘伯承所指挥的一系列成功战例,充分体现了他对"五行"理论的运用。

刘伯承对孙子"奇正环相生,如环之无端"的用兵原则深有体会。他说:"正兵和奇兵,是辩证的统一,是为将者必须掌握的重要法则。奇中有正,正中有奇,奇正相生,变化无穷。"抗日战争中刘伯承指挥的七亘村重叠设伏,就是灵活用兵、奇正相生的典型战例。八路军侦悉日军第20师团一部经测鱼镇向平定进犯,其后方辎重部队进至测鱼镇宿营。刘伯承判断井(陉)平(定)小道上地势险要的七亘村是敌运兵运粮的必经之地,决定在此设伏。1937年10月26日9时许,日军辎重部队进入伏击区。八路军伏兵突然发起冲击,经2小时激战,毙日军300余人,缴获大

批辎重物资,其余日军逃回测鱼镇。刘伯承鉴于日军急于打通正太路的情势,判定七亘村仍然会是日军进军的必由之路,因为舍此别无他路。于是,断然决定在七亘村再给日军一个突然打击。10月28日晨,敌人的辎重部队果然沿着原路西进。日军万万想不到八路军会在同一地点重复设伏。八路军痛快淋漓地在原地又打了一场伏击战,毙日军100余人,缴获骡马数十匹。刘伯承一改"战胜不复"的传统战法,奇正变幻,出敌不意,指挥部队3天之内在同一地点两次设伏,取得两战两胜的战果。

整部中国现代战争史,无不透射着《孙子兵法》的影响,这也有力证明了《孙子兵法》在现代战争中仍然有着广泛的适用性和指导价值。《孙子兵法》在中国共产党人手里,焕发出无限的生机,显示了无穷的威力,成了人民军队克敌制胜的法宝。

孙子兵法热潮

1949年10月1日,中华人民共和国宣告成立,掀开了中华民族历史上光辉灿烂的一页。同时,也迎来了《孙子兵法》研究的黄金时代,在半个世纪里共出版《孙子兵法》研究著作440余部,发表论文1900余篇,其数量超过了历代论著的总和。上世纪八十年代以来,《孙子兵法》在国内外备受关注,并被广泛借鉴、应用到社会生活各个领域。《孙子兵法》研究组织相继成立,学术会议不断召开,研究队伍不断扩大,研究手段不断创新,研究成果数量惊人,研究体裁丰富多彩,出现了历史上从未有过的"孙子热",一门独立的学科——孙子学呼之欲出。

1989年,中国孙子兵法研究会在北京率先成立。随后,国内一些省、市也相继成立《孙子兵法》研究机构。在国外,马来西亚、日本等国也先后成立孙子兵法学会、国际《孙子兵法》俱乐部等。各群众性学术组织积极开展活动,学术交流蓬勃开展。

由中国人民解放军军事科学院战略部与总后勤部及山东省惠民县共同发起举办的第一届孙子兵法国际研讨会,于1989年5月在孙子故里惠民县召开,揭开了当代"孙子热"的序幕。到目前为止,"孙子兵法国际学术研讨会"已召开了七届，规模不断扩大，各种新成果不断涌现。来自世界各地的孙子兵法研究专家、学者汇聚一堂，就孙子兵法研究和应用的各个专题各抒己见，形成了百家争鸣的学术局面。

礼品《孙子兵法》

在历次《孙子兵法》研讨会上，在孙子兵法研究史、孙子兵法与传统战略文化、孙子兵法与当代国际安全、孙子兵法在社会与经济等各个领域的运用等方面，学者们进行了深入探讨和交流。《孙子兵法》作为人类共同文化遗产的价值得到了深刻的揭示和广泛的认同。

七届孙子兵法国际研讨会以及各地举办的诸如孙子兵法与企业经营管理国际研讨会、孙子兵法与市场经济国际研讨会、海峡两岸孙子与齐文化学术讨论会等，既扩大了《孙子兵法》的知名度，又推出了一批最新研究成果，把《孙子兵法》研究和运用推向一个新的高潮。

改革开放以来，山东惠民县作为孙子故里掀起了弘扬孙子文化的热潮。孙子兵法城开城庆典于2003年10月在该县隆重举行。两千多名中外游客参加了盛况空前的开城仪式。孙子兵法城规划面积7200亩，预计总投资5亿元。目前完工的一期工程武圣府总投资6500万元，占地16万平方米，由15座秦汉式风格仿古大殿和224间厢房组成，以其气势磅礴、雄伟壮观的秦汉式建筑群，全面形象地展示了孙子十三篇及三十六计等

惠民孙子故园

山东惠民孙子兵法城

兵学文化元素。中国孙子兵法研究会副会长、著名孙子学研究专家吴如嵩说："孙子兵法是世界公认的最古老的军事理论著作，其作者孙武被誉为兵学鼻祖。现在，在孙子故里修建这样一座孙子兵法城无疑是弘扬中国优秀文化的生动体现，是一项功在千秋的壮举。"

继中国孙子兵法研究会成立之后，在海内外相继涌现出一批孙子兵法的研究机构和学术团体，如山东孙子兵法研究会、苏州孙武子研究会、深圳孙子兵法研究会、辽宁孙子兵法研究会等。2007年1月，台湾第一

英文版竹简《孙子兵法》

个正式申请立案的孙子兵法民间研究组织——"中华孙子兵法研究学会"在台北成立。各地研究机构和学术团体的兴起进一步促进了孙子研究的繁荣发展，结出了一系列研究硕果。如中国孙子兵法研究会组织编纂了《孙子兵法大全丛书》，分十个专题分册出版，吴如嵩主编了《孙子兵法辞典》——对孙子兵学进行了百科全书式的整理、归纳，谢祥皓、刘申宁辑录《孙子集成》——囊括了历代《孙子兵法》的重要版本等等一系列重要成果。

郭化若《孙子译注》书影

近二十年来孙子研究的重要特点之一，是研究成果的表达呈现出体裁形式多样化的趋势。仅就出版的100余部专著而言，这中间既有专门精深的考据或理论专著，又有旨在贯彻普及与提高相结合、雅俗共赏的一般性读本，还有力图经世致用、将孙子基本原理借鉴与运用于当代社会生活的实用性书籍。具体地说，以考辨训诂文字赅备精审见长的，有

《孙子兵法》部分中文版本

142

杨丙安的《孙子会笺》、吴九龙主编的《孙子校释》、李零的《〈孙子〉古本研究》等；以阐发义理精当深刻见著的，有郭化若的《孙子译注》，吴如嵩的《孙子兵法浅说》《孙子兵法新论》， 陈学凯的《制胜韬略》，陶汉章的《孙子兵法概论》，黄朴民的《孙子评传》等；以注译原著准确流畅、导读兵法深入浅出而深受读者欢迎的，有军事科学院的《孙子兵法新注》、庞齐的《孙子兵法探析》、齐光的《孙子兵法评注》、黄葵的《孙子导读》等。关于孙子的生平事迹研究，有杨善群的《孙子评传》，谢祥皓、李政教主编的《兵圣孙武》等；关于孙子理论对现代社会生活启示与应用的专著，则有李世俊等人的《孙子兵法与企业管理》、杨先举的《兵法经营十谋》、肖长书的《孙子兵法与经营之道》等等。

近年来还有一些有关《孙子兵法》的辞典、连环画、漫画图书先后面世；在出版制作工艺上也争奇斗妍，有木刻、竹雕、真丝绣、黄金版等各种样式，为各层次读者接触和了解孙武及其兵法著作，提供了十分有益的帮助。《孙子兵法》在两千五百多年后的今天日益焕发出青春的光彩，孙子的光辉思想成为惠及世人的智慧源泉。

各种版本
《孙子兵法》

第五章

《孙子兵法》
在非军事领域
的应用

山东惠民县修建的孙武塑像及《孙子兵法》竹简

孙子像由著名雕塑家李友生和青年画家李学辉创作设计。塑像连同底座高8米，重80余吨，由灰花岗石雕塑而成。

《孙子兵法》不仅被兵家奉为制胜的法宝，而且在其他社会领域，如经营管理、市场竞争、外交谈判、医疗卫生、体育竞技、教学艺术、演讲技巧等领域，也得到了日益广泛的应用。因为《孙子兵法》不仅具有舍事而言理的特征，而且具有深邃的哲理性和普遍意义上的指导性。

张廷灏在所著《从孙子兵法到做事的方法》一书的《导言》中说："十三篇中提示的许多原理，固然是就当时的战争而言，但何尝不能用于政治、外交、社会、处事和其他含有竞争性的各种比赛？"值得注意的是，《孙子兵法》对人类社会生活的一切领域都有指导价值，但它更适合于人类一切典型的竞争领域。竞争的范围越广，竞争的程度越高，竞争的条件越成熟，则越能发挥《孙子兵法》的指导作用。

商战如兵战
——《孙子兵法》与商业

《孙子兵法》可以应用于人类经济活动的很多领域，但以对商业活动的指导最为明显。所谓"商场如战场""商战如兵战"正是对这一现象的典型概括。

一、《孙子兵法》在商业领域应用的初始

中国第一个借助兵法智慧经商致富的人应该说是范蠡。范蠡，字少伯，楚国宛（今河南南阳）人，春秋时期著名的政治家、军事家、商业家。范蠡曾辅助越王勾践一举灭掉吴国，完成了称霸中原的伟业，自己也因功被封为"上将军"。

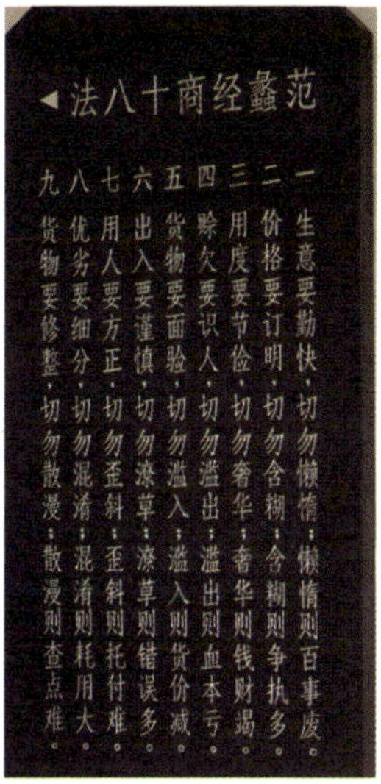

范蠡经商十八法石碑

然而，范蠡深知"狡兔死，走狗烹；飞鸟尽，良弓藏；敌国破，谋臣亡"的道理。于是在灭吴后，急流勇退，果断地弃官而去。据《史记·越王勾践世家》记载，范蠡离开越国后，先是来到齐国定居，在海滨治产经商，资产很快达到数十万。齐王听说他是个贤人，就把他请进都城临淄，拜他做了相国。范蠡在相国的位置上待了两三年，感叹说："居家则拥有千金之产，居官则达到卿相之位，对于一个白手起家的老百姓来说，这已是到了极点了。长久地处在尊贵的位置上，只怕不是吉祥的征兆啊。"于是将相印归还给了齐王，把钱财分给了知交好友以及曾与他在海边垦荒的那些老乡们，自己则带着妻儿，一身布衣，悄悄地离开临淄，向西而去，又在陶地（今山东定陶西北）定居下来。

陶地东邻齐、鲁，西接秦、郑，北通晋、燕，南连楚、越，居于"天下之中"，是个理想的经商之处。范蠡选择此地经商，恐怕是受了兵家"夫地形者，兵之助也"的思想影响。他根据时节、气候、民情、风俗等的变化，转运货物，顺其自然，待时而动。过不多久，又成了大富翁，十九年之中三致千金。于是，他便自称"陶朱公"。从范蠡经国治军到弃政

山东定陶县范蠡像（平原网首页）

经商的经历可以推测到兵法对他经商成功的影响。他是那种大智慧之人，丰富的政治军事斗争经验臻于极盛，无疑可以自如地将兵家理论运用于商业活动。

146

商圣白圭像
《汉书》中说他是经营贸易发展生产的理论鼻祖，即"天下言治生者祖"。白圭因此被后世商人称作"治生祖"，或称"人间财神"，宋真宗封其为商圣。

如果说范蠡是凭借其原有的政治、军事经验而经商致富的商人，那么白圭就是中国第一个自觉运用兵法经商成功的经营家。白圭（前370年—前300年），名丹，战国时期大商人，因擅长经商而名满天下，被誉为"中国第一商人"。司马迁在《史记》中记载了白圭关于经商之道的经典言论："吾治生产，犹伊尹、吕尚之谋，孙吴用兵，商鞅行法是也。"（《史记·货殖列传》）意思是说，我治产经商，就好像伊尹、吕尚用谋略，孙子、吴起用兵法，商鞅用法制一样。

孙子十分强调变的重要性，主张因时而变，因地而变，因敌而变。白圭经商的基本原则也是"乐观时变"，依据对年岁丰歉的预测，实行"人弃我取，人取我与"的策略。

《孙子兵法·势篇》中有"鸷鸟之疾，至于毁折者，节也"一句，意思是说，像鸷鸟这样的猛禽之所以能击杀雀鸟，是因为它掌握了短促而急迫的节奏。白圭为达到经商致富的目的，也强调"趋时若猛兽挚鸟之发"，即对各种市场信息极为重视，反应也极快，出手果断。一遇行情变化，立即作出决定，是买进还是卖出，绝不错过任何一次良机。

孙子有"令民与上同意""上下同欲者胜"的观点，就是说国君与百姓、将领与士兵要做到上下一心，意志统一，才能取得胜利。《史记》中记载白圭在经商管理中也能够节制自己的欲望，吃饭穿衣尽量节俭，与手下人同甘共苦，即所谓"薄饮食，忍嗜欲，节衣服，与用事僮仆同苦

《白圭治商图》壁画
位于古都洛阳东周王城广场左侧，总长18.8米、高2.8米，花岗岩石雕，人物栩栩如生，再现商圣白圭当年率民众经商致富之场面。

乐"（《史记·货殖列传》）。

白圭曾忠告欲学其经营之道的人说："是故其智不足与权变，勇不足以决断，仁不能以取予，强不能有所守，虽欲学吾术，终不告之矣。"（《史记·货殖列传》）意思是说，经商之人，如果智慧不足以临机应变，勇敢不足以果断决策，仁义不能做到合理取舍，强韧不能做到坚守住阵地，即使要学习我经商的经验和方法，也是终究不能告诉他的。

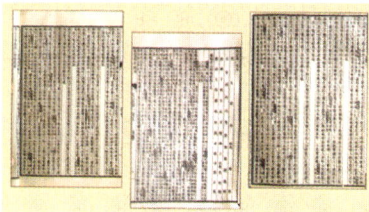

西汉司马迁所著《史记》书影。

古人经商自觉或不自觉地受到兵法的影响在史籍中还有一些零星记载。

司马迁在《史记·货殖列传》中曾总结兵家经营的经验说："治生之正道也，而富者必用奇胜。"意思是说，商家治产经商之道就在于出奇制胜。司马迁还列举了卖油脂的雍伯、卖浆的张氏、卖肉制品的浊氏等商人，都是深钻一门业务，掌握一技之长，以经营奇特的商品而致富的。

可惜的是，兵学经营的初始阶段是在春秋战国这一商品经济相对发达的条件下出现的。随着汉朝以后"重农抑商"政策的推行和思想界"独尊儒术"局面的出现，兵学经营的萌芽很快夭折，整个中国封建社会的漫长发展历史已较少发现兵法应用于商业的实例和记载。

二、《孙子兵法》在商业领域应用的复兴

《孙子兵法》在现代商战中的应用始于第二次世界大战以后，日本的经济界人士首先在这方面做出了有益的尝试。

大桥武夫战后出任东洋精密工业公司总经理、董事长，在一家东洋钟表公司濒临倒闭之际，他毅然接管了其中之一的小石川工厂。他将《孙子兵法》运用于经营实践，很快使企业起死回生。之后，他创办兵法经营塾，在日本帝国饭店开始授课。授课内容以《孙子兵法》等中国古代兵书为基础，从中选取适合经营管理的内容，联系商战实际和其个

大桥武夫的《孙子兵法》应用专著封面。

148

人的经营体会进行讲授。4期讲座结束后，大桥武夫于1984年出版了《用兵法指导经营》一书，详尽地介绍了他授课的情况和课程内容。在他的影响之下，日本企业界掀起孙子兵法应用的热潮，并出现了"兵法经营管理学派"。

松下电器创始人松下幸之助坦露，他之所以能够白手起家，重要原因之一是受益于《孙子兵法》。他运用孙子的"造势"思想，驾驭市场，由1918年的100日元起家，发展成为当今拥有130多家工厂、地跨五大洲的"松下王国"。他明确要求公司职员："中国古代先哲孙子，是天下第一神灵。我公司职员必须顶礼膜拜，对其兵法认真背诵，灵活运用，公司才能兴旺发达。"（《日本名人谈中国古代智慧》）

有关松下幸之助经营管理思想的学术著作封面

服部千春先生也是应用《孙子兵法》搞经营的高手，他直言不讳地说："我就是靠《孙子兵法》发财！"他1961年大学毕业后就投身实业界，开始用《孙子兵法》指导企业经营的实践活动，取得了卓越的成就。服部先生认为，日本企业今天之所以能跻身世界先进企业之列，主要是应用了《孙子兵法·谋攻篇》中"不战而屈人之兵"的用兵谋略。孙子这种不战而胜的思想非常符合现代企业的发展策略。因为商业竞争的最终目的，不是去毁灭自己的对手，而是共争、共存、共荣。在竞争激烈的市场经济中，会出现很多行业同室操戈、谁也无法获得高额利润的情况，这时就可以在其他公司没有交战的领域独辟蹊径，结果往往会是独家取胜。

服部先生的企业遍及世界各地。

服部先生在商战中对《孙子兵法》的成功应用基于他多年来对孙子学思想的研究。1974年中日邦交正常化不久，服部千春曾将自己多年潜心研究的五卷本《新编孙子十三篇》献呈中

国领导人毛泽东。在第四届
《孙子兵法》国际研讨会上，
服部千春庄重提议，当今世
界人物遗产有四圣：古希腊
的苏格拉底、古代印度的释

迦牟尼、中国春秋时代的孔子、耶稣基督，孙子应与他们并列为第五圣。

　　在日本，对《孙子兵法》理解并运用得非常透彻的还有一个人，那
就是孙正义先生。他是著名的互联网风险投资公司"软件银行"的创立
者，公司的资产约300亿美元，个人的身价约为40亿美元，日本传媒称
他"带动日本走出网络的黑暗时代"，美国《商业周刊》评定其为1999
年度全球25名"管理精英"，《福布斯》杂志称他为"日本最热门企业家"。

　　孙正义先生在19岁的时候不幸得了乙
肝，在医院住院的时候看了两本书，第一本就
是中国的《孙子兵法》，另外一本书是英国的
《兰契斯特法则》。他说这两本书对他的影响
很大，一个是中国经典的著作，一个是介绍现
代工业的书。后来他写了一本书，书名叫《孙
孙兵法》，它的核心就是25个字："一流攻守
群，道天地将法，智信仁勇严，顶情略七斗，

风林山火海。"孙正义先生说："当我获得巨大成功的时候，我要反复研
读这25个字，以此来告诫我居安思危；当我遇到重大损失的时候，一个
星期损失十几亿美金，我也反复研读这25个字，以此鼓励我东山再起。"
很明显，孙正义先生的成功秘诀在于他能够将孙子思想与其个人的经验
管理经验和深刻感悟结合起来。

　　日本学者村山孚对日本的兵法经营管理的现象总结说：日本企业的
生存和发展有两个支柱，一个是美国的现代管理制度，一个是《孙子兵
法》的战略和策略。

　　美国的经济学界对孙子兵法的应用并不比日本人逊色。一位著名的
美籍华人作家谈道："随着中国经济的蓬勃发展，美国商界人士对中国千
年的《孙子兵法》愈来愈好奇，如何利用孙子兵法，成了西方人探讨商

150

场必胜的另一秘诀。在世界最大的"亚马逊"网上书店里，目前有多达102种与"孙子"相关的书目，其中由萨谬尔·格里菲斯翻译、牛津大学出版社1986年版的平装本《孙子兵法》最受欢迎，常年位居该书店科学类畅销书排行榜的前几位。

早在两千多年前，孙子就精辟地指出"知彼知己，百战不殆"。这一名言在今天急剧激烈的全球市场竞争大环境下仍有重大现实意义。图为杨壮在"跨国公司成功经营对中国企业国际化的启示论坛"上发言。

美国著名管理学家乔治在《管理思想史》中说："你想成为管理人才吗？必须去读《孙子兵法》！"美国通用汽车公司董事会主席罗杰·史密斯在1984年销售汽车830万辆，居世界首位。他是怎么创业成功的呢？《亚洲华尔街日报》报道说，因为他有"战略家的头脑，他能从2000多年前中国一位战略家写的《孙子兵法》一书中学到东西"。在西方管理理论长期一统天下的美国哈佛商学院等著名高等学府里，专家和教授们也纷纷把注意力转向兵法经营理论，把兵法理论移植到企业经营管理之中，喜爱孙子兵法的人越来越多。

最近美国出版的一本有影响的新书——《经理人的六项战略修炼：孙子兵法与竞争的学问》，是一位名叫麦克内利的美国人写的。他担任美国IBM公司的战略顾问，曾是美国陆军的军官。书中对《孙子兵法》

（美）马克·麦克内利著《经理人的六项战略修炼：孙子兵法与竞争的学问》一书的封面

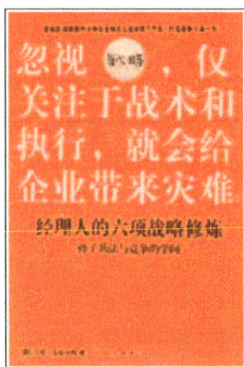

中的概念和思想进行了概括、提炼和整合，并结合数十家世界知名跨国公司的战略的成败得失，提出了管理者应该把握的六项战略原则。专家评论说：该书是第一本将《孙子兵法》整合为企业可实施的战略原则的书，是《孙子兵法》与现代企业战略管理最完美的结合。在这本书的推荐语上有这样一句话："如果你曾经感到商场如战场，那么，这本基于中国古代

大师教诲的书会告诉你许多东西。"

北京大学北大国际MBA项目是美国斯坦福大学与北京大学联合举办的培训职业经理人的项目，它在融合中西管理思想的基础上设计了孙子兵法战略体验课程。本课程在概括介绍《孙子兵法》的基础上，以案例分析讨论为主，结合现地教学、体验和研讨等多种形式分析经典战例，启发学员思考和概括企业经营战略面临的实际问题，提高学员在市场竞争环境中的决策与执行能力。其美方院长杨壮说："《孙子兵法》是战略理论领域的传世之作，是世界兵法史上的经典之作，是一本企业致胜之道的巨著。"

北京大学MBA国际美方院长杨壮教授与北大国际MBA2002届毕业生在美国纽约举行的毕业典礼上的合影

吕罗拔先生率马来西亚孙子兵法学会代表团访华时高唱《孙子兵法》之歌。

《孙子兵法》在马来西亚有着广泛的影响。据说，大马首相马哈迪（即总理马哈蒂尔）一生最重视两本书，其中一本就是《孙子兵法》。马来西亚孙子兵法学会会长吕罗拔教授热心研究中国传统文化，着迷于孙子学术研究40余年。从1991年至今，他坚持每星期举办讲座，所做的有关《孙子兵法》的演讲达几百场。他特别注重将孙子兵法运用于分析世界形势和经商实践。他说，《孙子兵法》所说的战争规律与做生意的规律在很大程度上是相通的。

中国企业界对《孙子兵法》的应用比较成功的应该是海尔的张瑞敏。

张瑞敏先生对《孙子兵法》是情有独钟的，但他的应用既不盲目，也不独尊。海尔有一个管理公式：日本管理（团队意识和吃苦精神）+美国管理（个性舒展和创

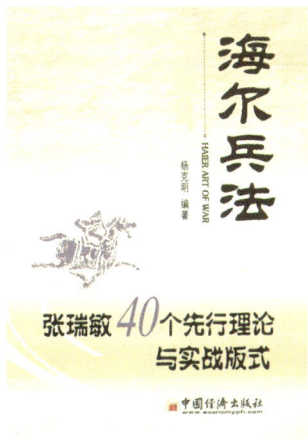

杨克明著《海尔兵法》封面。

新竞争)＋中国传统文化的管理精髓＝海尔管理模式。海尔还有一个理念："海尔是海"，"海纳百川，有容乃大"，海尔对日本、美国现代管理文化以及中国传统文化的融汇、吸纳是应用兵法而又超越兵法的最佳写照。张瑞敏曾说，对他影响最大的有三本书，一是《老子》，二是《论语》，三是《孙子兵法》。正是《老子》中的"顺应自然""淡泊明志"思想使得张瑞敏在激烈的市场竞争面前能保持平和的心态；《论语》中的诚信思想对建设海尔团队精神起到了至关重要的作用；《孙子兵法》中的战略战术思想则使张瑞敏懂得如何灵活应对变化莫测的市场风云。

从上世纪90年代开始，随着《孙子兵法》应用的普及化，一场围绕着《孙子兵法》是否适合于商战应用的论争在互联网上悄然拉开帷幕。这场论争的出现有它的必然性，因为在兵法经营的热潮当中，人们并未真正了解兵战与商战的共通性，很多企业家也因此陷入了《孙子兵法》商业应用的诸多误区。

三、兵战与商战的共通性

1.商业战场同军事战场一样，都具有对抗性、残酷性、风险性和复杂性。孙子强调"兵者，国之大事也。死生之地，存亡之道，不可不察也"；商场之中，也是"胜者王侯败者寇"，遵循着强胜弱败的规律。军事活动与商业活动的最大共通性，在于其竞争的本质相同。竞争是兵道与商道的交点，而这一交点，就决定了可将军事谋略引入商业领域的科学合理性。

2.孙子所论述的战争活动与商业活动都追求有限资源的最大化利用，都是要在有限的资源条件下，采取最优化战略，实现资源的最大化利用，最终达成一定的目的。二者都会涉及人、财、物、时间、空间等要素，都需要最佳的战略思维才能使这些要素化发挥最大作用。另外，它们也都会涉及组织管理的基本功能，如计划、组织、领导、控制等等方面。

中国孙子兵法研究会副会长吴如嵩教授所总结的兵战与商战的同质性内容要点

"商业竞争与是一种战争，商战胜于兵战"。兵法与经营具有同质性异质性，诸如：
- 以功利为目的竞争性
- 决策的预见性
- 谋划的宏观性
- 信息的盖然性
- 投入的风险性
- 实施的灵活性
- 管理的法则性
- 效益的最大性

3.兵战和商战都是以功利为目的的竞争，二者所遵循的最高准则都是趋利避害，力求以最小的代价获得最大的成果。孙子谋略中"合乎利而用，不合而止""非利不动，非得不用，非危不战"等思想，完全可以用于指导商业经营活动。另外，商战机会和战争时机一般都是转瞬即逝，都要策划、决策、规避投入的风险，因此，企业经营决策可以借用孙子兵法的运筹决策理论。

吴瑜章先生用《孙子兵法》哲理解读沃尔沃成功之道。

4.孙子谋略作为军事思想文化的精华，是建立在综合考察政治、经济、军事、外交等各个方面基础上形成的高层次综合性理论。它所强调的重宏观谋划，重避实击虚，重已方力量要素的整体效应，重天时、地利、人和，重"有所为与有所不为"等战略战术原则，无不体现着对立统一的规律，具有大战略思想。其认识论和方法论，对于商业策划领域有着普遍的指导意义。

5.军事谋略与商业策划，从表面上看是谋事，但在本质上都是谋人。《孙子兵法》中"令民与上同意""上下同欲""令文齐武""修道而保法"等治军谋略，与建设优秀企业文化，激励员工，提高企业的凝聚力的发展思路，是可以直接相通共用的。而孙子关于"智、信、仁、勇、严"的选将谋略，对于选择企业领导、骨干、人才也具有重要的参考价值。在商战中，得人才者得市场，选好、用好德才兼备的人才，是企业成功的关键。

四、《孙子兵法》在商战中应用的误区

1.忽视商战与兵战的本质区别

兵战是消灭敌人保存自己，而商战的目的是赢得市场，赢得客户。尤

《孙子兵法》应用于商战的图书封面

有些出版物把《孙子兵法》与《三十六计》混为一谈，这必然将孙子思想在商战中的应用引向误区。

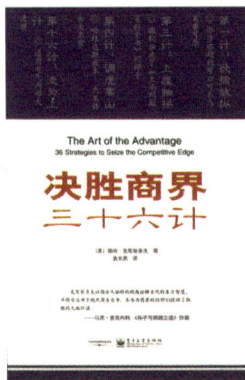

其在现代商业竞争中，双方的利益是你中有我，我中有你，很多情况下，共存共容是商业竞争的最佳选择，不能盲目用兵战的手段去达到商战的目的。商家用诈与兵家用诈是有区别的，孙子的诡道思想可以使用于一切战争领域，它反映了战争的本质规律。但商家用诈是有范围的，它可以用于商务谈判，用于市场争夺，而履行契约、对待顾客则必须讲诚信。

2.重"术"轻"道"

《孙子兵法》中决定胜负的有"道、天、地、将、法"五大因素，"道"居首位。但许多企业家在应用兵法过程中，更多借鉴的兵法权谋中"术"的东西，带有很强的目的性和功利性。于是乎办公室里勾心斗角，生意场中尽是陷阱，企业经营管理充满了随意性、投机性，整个企业运营机制缺乏宏观和长远的战略管理能力。

3.崇尚兵家的权威

战争的残酷性、复杂性要求将帅要有绝对权威，孙子甚至强调"将在军，君命有所不受"。中国的企业家对这种军事领域的个人权威有先天性的偏好。这些企业家办企业的目的，不仅仅是为了赚钱，为社会创造价值，还有一个很隐秘的情怀，那就是可以当这个企业的国王，在这个企业里操控一切，做企业的唯一主宰。

4.照搬照抄，流于形式

兵法权谋是在长期军事政治活动中形成的，其竞争的残酷性，决定了其实用、简练、直接的特性。如《孙子兵法》"言简而意赅"，几乎每一句话都是一个原理，一个通则。但是，很多企业都只是学其"形"而不求其"神"，具体表现为简单的对号入座，蜻蜓点水式的浮浅照搬，乱点鸳鸯式的胡乱联系，强拉硬拽式的歪曲混淆和无原则的神化、泛化孙子。

《孙子教你"诈"》一书的封面

作者将"诈"字带上引号正是提醒人们在商战中要正确理解和应用孙子"兵以诈立"的思想。

5.非人本主义

在兵法管理中，人的作用非常微妙。《孙子兵法》一方面强调"视卒如婴儿""视卒如爱子"。另一方面又讲“若驱群羊，驱而往，驱而来，莫知所之”。这表明，兵法权谋一方面非常注重“人和”，争取人心。但是，这个“争取人心”带有很强的功利性质，更多的是充当兵法权谋背后的一种手段。许多企业家在借鉴这一思想时，往往忽略了人本思想这一根本的现代管理理念，而将自己的用人机制引向误区。

马来西亚《孙子兵法》研究专家吕罗拔在演讲孙子“必成大功”与“避实就虚”的理论在今天谋生与经商中的应用。

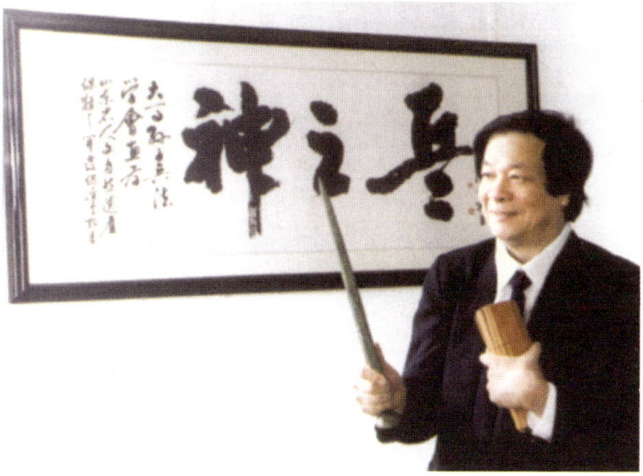

6.大道无形，凭感觉做事

过于强调玄妙性，凭感悟决策，是兵法管理的一个重要思想，正如孙子所说：“运兵计谋，为不可测”；“此兵家之胜，不可先传也”。孙子这种灵活机变的用兵思想值得借鉴，但不要忘记，现代企业的经营管理要建立在科学管理理论的基础之上。如果将“大道无形”发挥到一个无限的高度，将会使管理的基础建立在一个虚幻的平台之上，管理的大厦终究会倒塌。

7.重谋略，轻技术

中国兵法管理重道轻器，决定了其过分强调谋略而忽略技术。《孙子兵法》受时代条件和内容本身的限制也没有能够对士卒技能的训练和攻防技术及武器改进方面进行论述。这使得许多运用兵法经营者片面理解，一叶障目，陷入了重谋略、轻技术的误区。以手机为例，国外品牌诺基亚的份额是全球第一，其成功在于以人为本的技术，而不是市场谋略。相比较而言，国产手机的市场谋划行为更多一些，大都请了明星做宣传，价格也有灵活的战略，新款手机最后的价格甚至会缩水一半。但是从长远看，这种谋略会降低品牌价值，增加品牌对外力的依赖，也不利于保护消费者的利益。

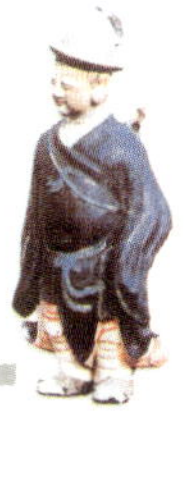

吴如嵩教授在2004年9月召开的《孙子兵法》研究与应用国际讲坛"上做总结发言。

156

五、《孙子兵法》在商业领域应用的前景

由上述分析可知,《孙子兵法》能够应用于商业领域是毋庸置疑的。问题的关键在于如何应用以及相应的条件是否具备。这两个方面可以说直接决定了孙子兵法应用的前景。从客观上讲,随着中国入世的过渡期完成,中国的市场经济体制逐步完善,市场竞争的条件越来越成熟。企业规模的扩大,竞争范围的国际化,竞争环境的复杂性和残酷性都需要高层次的战略指导理论和优质高效的企业管理模式,这些都为人们挖掘、运用《孙子兵法》的高层智慧提供了客观条件。从主观上讲,企业家和商家对《孙子兵法》的认识越来越理性化,正在从"术"的运用转向"道"的感悟,从一时的兴趣和凑热闹转向长期的自觉的运用。孙子研究的学术界也开始认识到自身研究方向的不足,正在从以学术理论研究为重点转向立足于学术研究,重点向《孙子兵法》的实际应用领域延伸。

有些学者还提出了建立兵法经营学的卓越见解。如吴如嵩教授认为:在商战中运用《孙子兵法》,不能搞简单对号入座,更不应该牵强附会,必须建立起兵法经营学理论。而建立兵法经营学,就必须打破原来的兵法理论、兵法体系,把原来的经济学理论也打破,重新糅合、架构,这样有了一个科学的理论指导体系,《孙子兵法》应用在实践上就不至于出现这样那样的问题。

"用药如用兵"
——《孙子兵法》与中医学

兵法讲"致胜"之理,中医论"救人"之术。表面上看,用药与用兵似乎风马牛不相及，而本质上却有相通之处。战争是敌我双方的较量，疾病则是人体正邪抗争的过程，故用兵治乱与用药救人，其理一也。医生若能熟知药性，掌握了"君、臣、佐、使"合理组方的基本功，治疗中便可驾轻就熟，胸中自有雄兵百万，运筹帷幄，决胜千里。

一、管窥古代医学中的兵法应用

依托黄帝之名而作的《黄帝内经》是中国最早的医学著作，其中就有许多军事用语被借来论述医药之道。

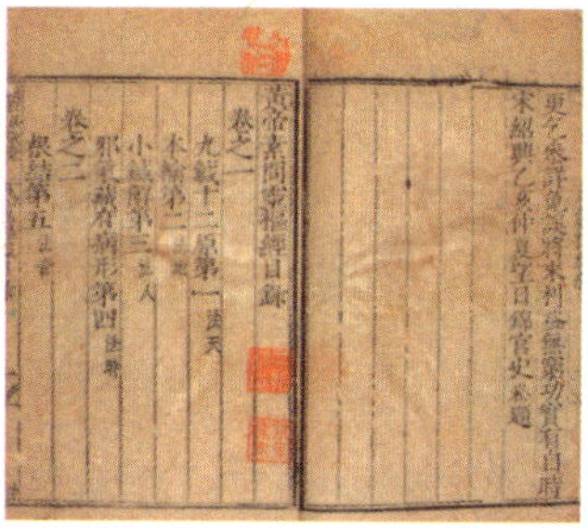

左图为中华始祖黄帝像。右图为《黄帝内经》之《灵枢》书影。

如《灵枢经》卷八《逆顺》曾引兵法来类比针灸之法，"兵法曰：无迎逢逢之气，无击堂堂之阵。刺法曰：无刺熇熇之热，无刺漉漉之汗"。逢逢之气，是指敌人士气锐盛；堂堂之阵，是指敌人阵容严整；熇熇之热，是指病人火热炽盛；漉漉之汗，是指病人大汗淋漓。整句意思是："《兵法》上说：作战时，当敌人来势汹汹时，不要急于正面与之交锋，敌人阵容严整时不要急于马上出击；《刺法》上也说：病人热势炽盛时不要急于针刺，

唐朝名医孙思邈。

大汗淋漓时也不要针刺。"很明显，这是将战斗进攻时机与治病用针时机进行比照类推，强调避其锋芒，随机应变的重要性。

隋唐时期最著名的医学家是孙思邈，他生于隋朝，死于唐朝，活了102岁，人称药王。为了阐明医家谨慎用药和治病的重要性，他曾经引用兵学的原则来比喻医道。在他看来，"药性刚烈，犹若用兵"（《千金要方·食治》）。药物能治病，但如果用药不慎也会像轻率用兵一样造成严重后果。另一方面，正如用兵不能过于谨慎一样，用药也并非越慎越好。为阐明此意，孙思邈进一步论述道："胆欲大而心欲小，智欲圆而仁欲方。"（《旧唐书·孙思邈传》）"胆大"是要有如起起武夫般自信而有气质；"心

小"是要如同在薄冰上行走一样时时谨慎小心；"智圆"是指遇事圆活机变，不得拘泥，须有制敌机先的能力；"行方"是指不贪名、不夺利，心中自有坦荡天地。其思想主旨与孙子所强调的"慎战"思想及"智""信""仁""勇"等将帅素质要求如出一辙。

明代医学家徐春甫在其著作《古今医统大全》中曾经用《孙子兵法》的"奇正"思想来比喻治病的基本原则。他说："治病犹对垒。攻守奇正，量敌而应者，将之良也；针灸用药，因病而施治者，医之良也。"意思是说，治病就好像两军对垒一样。能够根据敌情变化，采取攻守、奇正等不同战法，这是将帅指挥高明的表现；能够根据病情变化而采用不同的针灸之法和用药之法，这是医生医术高明的表现。

孙子的奇正思想有两层含义，一是指兵力的部署，二是指战法的变化，二者均可活用于治病过程中。

从兵力部署的角度讲，用主要兵力打敌人的正面，这叫"正兵"；用次要兵力打敌人的侧翼，这叫"奇兵"。中医配药亦如此。《神农本草经》曾将其收录的365种药物分为 "君""臣""佐""使"四类。"君"指处方中起主要作用的药物，"臣""佐""使"指起辅助作用的药物。前者好比"正兵"，后者好比"奇兵"。

从战法变化的角度讲，用常规战法为"正"，用变通的战法为"奇"。医家治病亦有"正治"和"反治"之法。"正治"即逆其病症性质而治的一种常规治疗方法，主要适用于疾病的临床表现与疾病本质相一致的情况。如"寒者热之""热者寒之""虚者补之""实者泻之"等。"反治"，是顺从疾病假象而治的一种变通治疗方法，适用于某些征象与疾病的本质相反的情况。如"寒因寒用""热因热用"等，即以热治热，以寒治寒。前者因奉行"常规"而称为之"正"，后者因看似"逆向"而称之为"反"。

可见，奇正之术既可用于兵家，也可用于医家。

明代杰出的医学家张景岳，壮岁从戎，在战场上多次立功，后解甲归隐，潜心于医道。在其名著《景岳全书》中，他把治病方法比作战

张景岳创建的《古方八阵》中的第一部分。

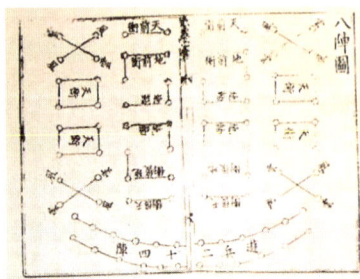

略战术，称为"八略"；把立方选药比作排兵布阵，将方药主治的论述称"八阵"，其目的是想如同兵家布阵一样，发挥药物的整体作用。八阵之名，一曰补阵，二曰和阵，三曰攻阵，四曰散阵，五曰寒阵，六曰热阵，七曰固阵，八曰因阵。此种分类方法，对后世方剂分型与脏腑用药有重要影响。人称"仲景以后，千古一人"。如此大张旗鼓地引兵论医，显然是张景岳喜爱并娴熟兵法及多年军旅生活的反映，可谓出于兵而未忘于兵也。

历史上对兵法与医学的相通性做出系统总结的是公元18世纪中叶的清朝名医徐大椿。他在自己撰写的《医学源流论》中专辟《用药如用兵论》一章，全面、详尽、准确地阐述了"防病如防敌""治病如治寇""用药如用兵"等医理。他曾说："故病之为患也，大则伤命，小则耗精，隐然一敌国也。以草木之偏盛，攻脏腑之偏盛，多方以制之，而后无丧身殒命之忧。"书中类似的比喻还有很多，如：对于循着六经传变的病邪，要预先占据它尚未侵袭的部位，就好比切断敌军的必经之路一样，这叫"断敌要道"；对来势凶猛的病邪，要赶快守护那尚未致病的部位，就好比守卫我方险要的疆土一样，这叫"守我岩疆"；对挟带积食而造成的疾病，要首先消除积食，

清代医学家徐灵胎，即徐大椿。

就好比敌方的辎车粮食已经烧毁一样，这叫"焚敌资粮"；对新旧病的并发症，一定要防止新旧病邪会合，就好比切断敌方的内应一样，这叫"断敌内应"；用药要辨明经络，就好比派出侦察部队一样，这叫"向导之师"；依据病的寒热有反治之法，则好比实施分化离间的策略一样，这叫"行间之术"；同一病症出现不同的症状，这就好像敌人众多一样，应当将症状分开，分别采取不同的治疗方法，这叫"以寡胜众"。

徐大椿最后总结道："《孙武子》十三篇，治病之法尽之矣。"意思是说，治病的方法都包含在《孙子兵法》十三篇中了。

二、兵医相通的机理

古代医学和《孙子兵法》的相通之理，可以从文化传统和思维方式上进行解读。中国古代的思维方式有两大特征，一是整体观念，二是辨证思维。

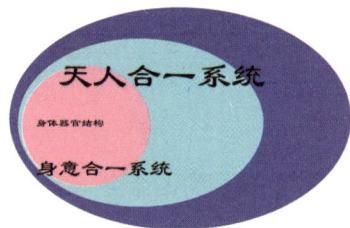

整体观念是《孙子兵法》的思维特征之一。比如，在战略谋划上，孙子强调的是以战争的全局为对象，掌握与战争有关的各个方面。孙子的"五事""七计"思想包括了涉及战争的政治、经济、外交、军事、天时、地利、法治、人才等各项因素，而且，强调这些因素都要放在一个大的系统内进行总体把握和系统分析。

中西医医理对比示意图

整体观念也是中医最主要的特色。古人已经认识到：天地大宇宙，人体小宇宙。人体是一个有机的整体，是由各种系统组成，这些系统虽然包含着相互独立的各个组成部分，但每一个部分都只有在系统中，才能具有自己的机能和属性。所以，对于治病，中医强调的是着眼于整体结构和系统的改善，通过调节和健全整个结构和系统的功能来达到治病的目的，这与西医治病之理明显不同。如图所示：西医关注的只是图中红色部分即"身体器官结构"部分；而中医则

传说始创了八卦和石制九针的伏羲氏

六经皮部与关、阖、枢表。

将人体中的身意合一系统（指身体器官结构和生命意识、生命欲望等，即淡蓝色部分）与天人合一系统（蓝色部分）都纳入了自己的研究范畴。

医家与兵家第二个相通之处是建立在辨证思维基础上的动态的辩证法。

在《孙子兵法》一书中，孙子用"分数""形名""奇正""实虚"等一系列对立统一的范畴，揭示了战争的规律，辩证阐述了战争的理论和原则。孙子认为，一切都在变化之中，一切都要用发展的、变化的眼光来看待，不能机械，不能教条，否则，就要打败仗。

中国传统医学也以朴素的辩证法作为自己的理论根基。

据说，上古"三皇"之一的伏羲氏就是通过观天文、察地理，通晓了时有昼夜、阴阳相克的辨证哲理，创始了八卦，使其成为后世中医学理论的主要文化根源之一。

医圣——张仲景

张仲景，名机，约生于公元150年，南阳郡涅阳县（今河南南阳）人。他结合临床经验，写成了医学巨著《伤寒杂病论》，后人整理成《伤寒论》和《金匮要略》，为中医发展做出了伟大贡献，被世人尊为"医圣"。

邮票——西魏·狩猎

东汉名医张仲景写出富含辩证哲理的《伤寒杂病论》一书，奠定了我国中医治疗学的基础，被称为"医圣"。它系统地分析了伤寒的原因、症状、发展阶段和处理方法，创造性地确立了对伤寒病的"六经分类"的辩证施治原则。所谓"辩证"即"阴阳、表里、虚实、寒热"，所谓"施治"即"汗、吐、下、和、温、清、补、消"。综观其整个理论体系，阴阳观、正邪观、标本观、病证观、常变观等，无一不体现出彼此间相互对立、相互依存、相互转化的关系。

三、用兵与治病在指导思想和基本原则上的统一性

从指导思想方面看，《孙子兵法》对医家有三点启示：

首先，是道德思想的启示。"进不求名，退不避罪"是孙子论述为将之道的最高境界，以此作为医生"救死扶伤，治病救人"的医德标准恰如其分。作为一个医生，既然有挽救黎民百姓之苦的愿望，就应当机立断，勇于创新，为及时有效地抢救患者、祛除顽症承担一定的风险。据《古今医案按》记载，金元四大家之一的名医朱丹溪治叶先生滞下病（痢疾），因考虑病人气虚，无力祛邪，遂投以人参、陈

朱丹溪画像

《导引图》
1973年长沙马王堆汉墓出土的帛画，是迄今我国发现的最早的一幅健身图。

皮、芍药等补剂十余帖，致使病益甚，从而引起朋友们的议论，丹溪全然不顾。等补完"胃气之伤"，即用汤药下泻其积，病很快痊愈。丹溪真不愧为医家的"善战者"，在洞察正虚邪甚之情后，力排众议，先坚我墙垣、固我城廓、保我正气，然后一战而胜。真可谓"进不求名，退不避罪"者也。

五禽戏
中国外科鼻祖华佗模仿虎、鹿、熊、猿、鸟所创的健身操。

其次，是"先胜"思想的启示。孙子说"先为不可胜，以待敌之可胜"，即强调打仗要先做到自己周密准备，无懈可击，然后再等待、寻找战胜敌人的机会。中医主张"良医者，常治无病之病，故无病"，意思是说，好的医生善于在人们身体健康之时强调预防，注重养生，保持健康，这就把养生、健身和治病完美地结合在一起，其深刻内涵完全符合孙子"用兵之法，无恃其不来，恃吾有以待也；无恃其不攻，恃吾有所不可攻也"（《九变》）的兵家战略思想。

"扶正祛邪"也具有同样的道理。中医把一些致病的因素，都称之为"邪"。显然，想办法把"邪"祛除出身体，这就是"祛邪"。什么叫"正"呢？身体本身的适应能力、抗病能力，一般都叫做"正"。我国医学有一种讲法，叫做"邪之所凑，其气必虚"。意思是说，"邪"之所以能致人发病，是由于人的抵抗力衰减所致，也就是因为正气虚弱的缘故，叫做正虚。既然是正虚，就要用扶助正气的办法，这就叫做"扶正"。中医"扶正祛邪"的基本思想与孙子"自保而全胜"的思想可谓有一脉相通之理。

第三，是"因变"思想的启示。"变"是孙子用兵思想的一个核心。他在《实虚篇》中概括说道："故水，因地而制行；兵，因敌而制胜。兵无成势，无恒形。能与敌化之谓神。"医家也讲究立方用药，要因人而异，应视病人的身体状况、所处的环境和疾病的实际情况来选择用药，即所

东汉画像石中的神医扁鹊

谓"病万变，药亦万变"。"金元四大家"之一的名医刘完素就十分善于运用"治变"的方法来看病。他认为没有一成不变的气运，也就没有一成不变的疾病，因此，医生在处方用药的时候必须灵活机变，具体分析。

中华医药
鼻祖桐君像

在具体的治疗原则和方法上，中医是怎样借鉴兵法思想的呢？

我们可以先通过孙子"庙算"思想与中医"四诊合参"诊疗方法的联系以窥其精要。望、闻、问、切"四诊法"是战国时期扁鹊所创的中医传统诊断法，"望"就是观其营养状况，面色如何；"闻"就是听其五声；"问"就是详细追问患者的病史、症状；"切"就是切脉。孙子的"庙算"思想是通过对"五事""七计"的综合分析，全面了解敌我双方的详细情况以作出判断；中医是通过"四诊合参"全面分析病人的病情资料以对症下药，二者真可谓有异曲同工之妙。

根据整体性的诊治原则，四诊又包含着更广泛的内容，即还要知道患者所处的地理环境，诊疗时的季节气候，最后才能获得全面准确的资料，得出正确判断。《医说》中曾记载名医杨吉老根据环境诊病的一段佳话。古代一位官员杨立之从南方调任至楚州后，喉间生痈（化脓性感染），又肿又痛，脓血如注，众医毫无办法。刚好名医杨吉老经过此地，问过病情之后即说："此病与别的病症有所不同，必须先吃生姜一斤，才可以用别的药，除此以外，没有别的方法。"果然一斤生姜吃完后，病情大有好转。第二天请教于杨老，杨老说："你在南方做官，鹧鸪吃得太多；而鹧鸪又特别喜欢吃半夏，时间长了，半夏在鹧鸪体内的毒发作而致病。根据生姜杀半夏之理，所以昨天我主张用姜来治疗。"

从处方的角度讲，中医的药方搭配，很类似于兵家的排兵布阵，有正兵，有奇兵；有主攻，有辅佐。中华医药鼻祖桐君总结出的"君、臣、佐、使"的处方格律，足以说明此点。"君"药，即主药或主治药，是针对主症或病因而起主要治疗作用的药物；"臣"药，即辅药或辅助药，就是协助主药更好地发挥作用的药物;"佐"药,又叫兼制药,是指协助主药治疗兼症,或监制主药以清除某些药物的毒性和烈性,或起反佐作用的药物;"使"药,又叫引和药,是指引导各药,起调和作用的药物。有意思的是,这其中的"使"药用法颇似兵家所用的反间计。明代名医吴球曾治一少年,病人吐血如泉涌,诸药不效,虚羸病危。于是取病者吐出之血炒成研末,以麦冬煎汤服下,其血遂止。

"穷寇勿追""围师必阙"是孙子用兵的两个基本原则。孙子强调:为避免敌人困兽犹斗,造成不必要的损失,在包围敌人时要故意留下一个缺口,使敌人抱有侥幸逃脱,不战而求生的想法,然后在缺口之处设下埋伏,便能一举破敌。中医张子和所创的汗、吐、下三法也同此理。所谓"汗"即发汗;所谓"吐"即

涌吐;所谓"下"即泻下。病在表者用汗法,病在上者用吐法,病在下者用下法。这一治病原则的核心理念是指在治疗疾病时务必给病邪一条出路,否则病邪必然被困于体内不得出而作乱伤人。曾有一患者,冬月寒冷时与家人一同出门吃火锅,火锅味美,食者无不汗流满面,遂脱去外衣,再吃,因此感染风寒引起咳嗽。患者即到当地医院买了许多止咳收敛之品,不见疗效。最后求治于一名医,给患者服用"麻杏石甘汤",两剂药过后,鼻通,大便通,微微汗出,咳嗽立止。个中原因在于内火有了出路,病邪得以宣泻,不再滞留体内伤人。

孙子十分强调通过观察表象而认识敌人实际动向的重要性。在《行军篇》中,孙子总结出所谓 "三十二相敌之法","相敌"即观察敌人,它反映了一个普遍的哲学常识,即透过现象看本质。病情也有许多表面现象,而在这些表象的背后隐藏着疾病的真实病因。医生检查病情,正应通过表象而识别疾病的真正病因。上图中的揣法源于《灵枢·外揣》,其中有:"司外揣内"之说。"司外",指审察外表的种种征象;"揣内",

指推测内脏的病理变化。中医诊断学为何要使用这种"由表知里"的方法，而不用"解剖而视之"的直接方法呢？这是因为中医认为生命之本质，乃在于"气"的生化运动，而观察气之运动必须在机体活体状况下才能做到，这就决定了中医学家不可能用静态的解剖法。

孙子一再强调集中兵力的好处。他在《实虚篇》中说："我集中兵力与一点，而敌人分散为十处，我就是以十对一。"这样以来，我方以众击寡，就能造成明显的优势而迅速取得胜利。同理，在治病过程中，当查明病情后，也要集中药物和其他治疗措施，专攻疾病的关键之处，以造成对疾病的强大优势。如张仲景的《伤寒杂病论》的一贯用药原则是"所用之药，必为'效宏力专'之品。可用可不用之药，必定不用"。现代名医施今墨先生也说："治疑难大症，必须集中优势兵力，一鼓作气，始能奏效，因循应付，非医德也。"

另外，医生用药也可借鉴孙子"求势"的思想，使药力一发则有千钧之力。力从何来，要"其势险，其节短"，使其势能迅速聚向一点攻击，不然药力要靠经脉相灌之循环运行而达病根所在，其节太长，药力就衰减了。毛泽东主席的保健医生孔伯华先生所开药方特点即为："其势险，其节短"，人们形容其用药如"虎啸龙腾"一般气势恢宏。先生擅用石膏，有时用量达数斤之重，虽用量惊人，却常有起死回生之妙，足见其判断极其精准，而且对病情的把握也能做到成竹在胸。

最后，用兵与治病都可达到顿悟的高层境界。孙子用兵的最高境界是"无形"，他在《实虚篇》中说："根据敌情采取制胜的策略，即使摆在众人面前，众人也理解不了。人们都知道我克敌制胜的方法，却不能知道我是怎样运用这些方法制胜的。"中医治病也是如此，高明的医生通过博闻强记、临床实践，最后能体验出"无形、无限"的辨证论治大法。此类医生能够洞察天地阴阳，熟知万物属性，随取一物，即可为治病大药，愈病于"无形"之中。清代名医叶天士救治过这样一个病人。这个妇人难产，众多医生的催生药都不灵验。是日适逢立秋，梧桐树叶纷纷落下，叶顺手拾一把叶片放入催产药中，药下咽即顺产。众人皆大惑不解，后追问叶老方知其中的奥秘在于：凋零之梧桐叶禀秋天萧杀之气，形似败絮，其气下沉，故可引诸药直趋而下，胎儿即得产。

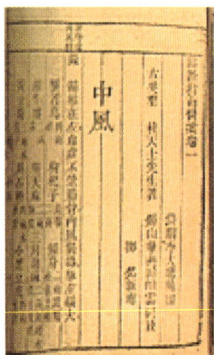

叶天士之《临症指南医案》

总之，兵家重视因敌、因情、灵活用兵，所谓"能与敌化之谓神"。医家更强调因人、因时、因地、因病用药，讲究"病万变，药亦万变"。无论是兵学，还是医学，都是充满了辩证法，都讲究一个"悟"字。正如《易经》所言"天下一致而百虑，同归而殊涂"。医家与兵家相通，正是由于"天下之理一也"的缘故。

"拳、兵同源"
——《孙子兵法》与武术

武术与兵学都是在战争中孕育的文化形态，二者具有天然的联系。拳谚说："拳、兵同源。"已故著名武术家温敬铭教授生前常说："古来习拳知兵法，不知兵法莫对手。"博大精深的中华传统文化使她们同为国之瑰宝、且息息相通，一脉相承。中华武术也正是在这一融合的过程中，从军事谋略、军事原则等方面吸收了诸多有益的成分，形成了独有的武学文化。

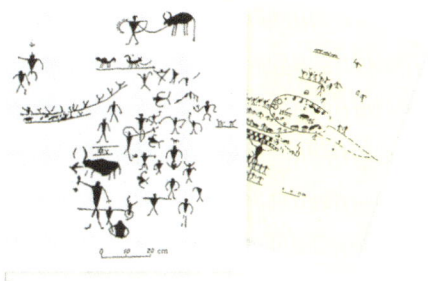

云南沧源岩画中反映的部落武装徒步格斗情形。

一、《孙子兵法》与武术的历史渊源

武术与战争都起源于原始人类追求生存的暴力行为。只是随着社会发展和人类进步，暴力的形式产生分化：个人之间的暴力冲突导致了武术技击的产生，群体之间的暴力冲突促使了军事战争的形成。这两种同源异流的暴力对抗形式，必然在对待相同问题的解决方式

黄帝、炎帝为争夺适于放牧和浅耕的中原地带，与蚩尤展开了涿鹿之战。

内蒙古阴山岩画
中反映的部落武装
射战情形

上，有着诸多相似性的思考。这正是兵法理论与武术理论具有相通性的根源所在。

中国古代兵家有兵权谋、兵阴阳、兵形势和兵技巧之分。古代武术原来叫"技击"，属兵技巧之类，拳击，叫"手搏"；摔跤叫"角抵"；使用器械的有剑道和射法等。兵技巧理论方面的经典之作，有《墨子》城守诸篇，电影《墨攻》深刻反映了其独特的思想内涵和意义。兵技巧，旨在战场中"杀敌"取胜。后来，这种"兵技巧"虽然脱离了"兵之用"的地位，但却没有从此与兵学绝缘，而是反过来吸收了兵家的学理，将兵法融合于武术之中，并进而发展为一种艺术，最终脱离了"杀敌"的窠臼。

《孙子兵法》与武术的关系可以从时间上作一粗略的推断。众所周知，《孙子兵法》产生于春秋末期，而武术也大约产生于春秋时期。春秋战国期间有武术高手秦广文、叔梁纥；剑术家越女、袁公、鲁石公；射术高手飞卫、纪昌等。特别是许多著名的武术论著如《射义》《庄子论剑》《越女论剑》等都在这一时期产生。时间上如此相近，而内容上又具有共性，由此可推断它们之间必然存在着极为密切的联系。

《吴越春秋·勾践阴谋外传》中的有关"越女论剑"的记载足以说明这一问题。其中越女有言："凡手战之道，内实精神、外示安仪。见之似好妇，夺之似惧虎。布形候气，与神俱往。"这句话与《孙子·九地篇》之"是故，始如处女，敌人开户；后如脱兔，敌不及拒"颇为类似，二者都是强调在战场临敌之时，要表面上安静柔弱如女子，使敌人看上去没有任何威胁，但实际进攻时则要像猛虎一样勇猛，像脱兔一样迅速，使敌人来不及抵抗。

战国时期的庄子在《说剑篇》里曾以兵法为喻论剑道："夫为剑者，示之以虚，开之以利，后之以发，先之以至。"这与《孙子兵法》的"示敌以弱、诱之以利、后人发、先人至"等思想一意相通。在此篇中，庄子还进一步论述了剑道的三种境界：匹夫之剑、诸侯之剑、天子之剑。匹夫之剑就是剑客手中的兵刃，足以杀十、百人；诸侯之剑乃是法度和仁德之心，足以治国不乱；天子之剑就是自然守道，还政于民，使万民和乐而天下归心。其中匹夫之剑实际就是孙子的"伐兵"，而诸侯之剑和天子之剑则是典型的"伐谋"，只不过庄子所言乃是偏重于政治领域，属于更高层次的谋略，颇类似于孙子的大战略思想。

古代思想家——庄子
约公元前 369 年—前 286 年，名周，是战国中期宋国蒙地（今河南商丘）人。一生隐默无闻，却著述甚丰，为道家思想集大成者。

司马迁在《史记·太史公自序》中也引用"为将之德"论述了《孙子兵法》与武术的关系：强调没有诚信、廉洁、仁义、勇敢的优秀品格是不能谈兵论剑的，剑术家必须像为将者那样能够做到"内可以治身，外可以应变"，有君子之德，并能达到"道"的境界。他又说"兵者，万人敌；剑者，一人敌。然止戈为武，旨在救人，不在伤人。故'兵'与'剑'，非有'信、廉、仁、勇'之德性，则不能'传论'也。"

南宋著名将领岳飞正是司马迁所描绘和要求的典范，他既是一位具备为将之德，能活用兵法的军事家，又是一位臂力过人的武术高手。宋人的著作中，多次提到岳飞自幼即读《左传》和《孙子兵法》，在军事学上造诣很深。而他亲手所创的岳

史圣司马迁
司马迁，字子长，左冯翊夏阳（今陕西韩城）人。年轻时游历各地。后接替父亲做了太史令。因触怒汉武帝被捕下狱遭受"腐刑"。获赦出狱后做中书令，发愤著书，编写了《史记》，成就不朽传世之作。（李学辉绘）

170 郾城大捷（杭州岳庙壁画）

1140年，岳飞在郾城（今属河南）击败金军。

家拳具有古朴无华、势劲力猛、快速紧凑、技击实用等特点，至今仍在湖北省黄梅、广济、蕲春等地流传。他那句传颂千古的名言"运用之妙，存乎一心"，向来被认为是对神奇的军事指挥艺术的高度概括，其实又何尝不是对岳家拳技击方法的至上要求呢？

戚继光这位明朝著名的军事家，尽管并没有留下长篇的孙子专论，但他对孙子思想的准确把握则是毋庸置疑的。他认为："孙子所写都是纲领性的军事理论，其内容精微之至，已不可再妄加填补，但对于具体操作事宜，如士兵训练、攻城、守城等技术问题则没有涉及。"戚继光的著作《纪效新书》正是要在孙子"纲领精微"的基础上解决具体细节问题。该书的第14卷——《拳经捷要篇》，是目前唯一的一部史料与拳法具备，充分借鉴了兵法思想的明代武术专论。他在平定倭寇的过程中所创造的鸳鸯阵法更是兵法与武术相结合的经典成果。兵法与武术的联系由此可窥见一斑。

戚继光三十二势拳法。

中国太极拳的创立与《孙子兵法》有密切关系。据陈氏家谱记载，太极拳创始人陈玉庭，早年也是一位统兵打仗的将领。他退伍还乡后，以陈氏家传拳术和戚继光所创编的长拳三十二式为素材，以太极思想为指导，融合《孙子兵法》等兵学理念，创出了影响深远的陈氏太极拳。虽然，太极拳并非以兵家思想为主要特色，但是，我们决不可以否认太极拳的创建与兵家思想的历史关系。

以上择要论述了《孙子兵法》与武术的渊源关系。武术理论家乔凤杰认为，同源的武术技击与兵法理论，必然包含着某种内在的统一性，这种内在的统一性，已经隐含了两者在日后的发展中相互影响与相互促进的可能性。但必须明确的是，纯粹的武术技击与古代军事战争的最终目的，是要战胜对手，消灭敌人。没有外来规范的这两种生死搏斗之间的交流，最容易发生也最容易产生效果的部分，必然是在斗争手段与对抗战术方面。

这从历代武术经典的某些内容中可以充分的体现出来。

二、《孙子兵法》对武术实战技能和战术运用的启示

首先，许多武术典籍不乏引用孙子"知彼知己"思想的内容。其中的原因在于，武术是一个门派众多的运动项目，各门派间有很大差异，且各有独到之处，要想在武术竞技中不被对手调动和击败，必须要了解对手，掌握他的攻防套路，这样方能克敌制胜。如《陈氏太极拳汇宗·用武要言》曰："二人相敌，性命所关，外观诸人，内观诸己，知己知彼，百战百胜。"《长拳拳论》也有这样的要求："与人交手，必审其机，观察眼睛看他的善恶，观察身体看他的体力，观察精神看他的意志，观察气势看他的招数，然后方可定取胜之策。" 在知的手段方面，孙子提出的"策之""作之""形之""角之"的四种侦察法对武家颇有启示。"策之"就是通过筹算分析，判断敌人计策的优劣得失；"作之"就是通过挑动敌人，了解敌方的活动规律；"形之"就是通过伪形示敌，了解敌人优势所

明将戚继光
《拳经》32 势拳法
"倒骑龙"诀插图。
其核心思想即为
"佯输诈败，后发
制人"。

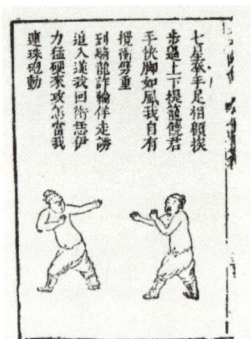

在或薄弱致命环节；"角之"就是通过试探性较量，探明敌人的虚实强弱情况。这些内容对武术家来说最为实用，也最被看重。

其次，《孙子兵法》揭示战争的本质规律为"兵者，诡道也"。其实，作为生死搏斗的武术又何尝不能定性为"武者，诡道也"？乔凤杰在《采莲手实战技击法》中写道："在实战技击中，要做到指上打下、指下打上，声东击西、声西击东，欲前佯侧、欲侧佯前，示近击远、示远击近，欲退佯进、欲进佯退，从而引逗、迷惑对方，破坏其判断能力。"这与孙子的"诡道十二法"何其相似。武术经典《太极拳经谱》中也有类似的表述："佯输诈败，制胜权衡，顺来逆往，令彼莫测。"方守度老先生谈到过《水浒传》中林冲棒打洪教头的例子："披枷戴锁的八十万禁军教头林冲，面临咄咄逼人的洪教头的挑战时，先说不敢。交手仅几个回合，又跳出圈外认输。开枷后正式比武，还是先往后退，诱得洪教头志得意满，轻敌冒进，连续攻打。待其步乱后，林冲只一棒就把洪教头打翻在地，佯输而后制人。"（《从孙子兵法看兵学与武术的相通性》）林冲这种方法在武术的术语中叫"藏己掩形"，在《孙子兵法》的术语中则叫"示形诱敌"，两者在本质上

南朝武士画像
砖，河南邓州出土。

无任何区别。

第三，孙子"势险而节短"的思想在武术理论中亦有深刻体现。《行意拳论》要求五快："审势快，出招快，上步快，变招快，撤步快。"还要求快、准、狠；"巧中求快，快中求准，准中求狠"。方守度老先生曾引用关羽的例子说明这一道理："《三国演义》中名将关羽武艺绝伦，手持青龙偃月刀八十二斤，刀法如神，既准又狠。上阵骑赤兔追风马，刀重马快，势如疾风，快若闪电。十万军中只一刀即斩杀颜良；诛韩福时也只一刀，手起刀落，连头带肩，斩于马下；杯酒斩华雄时回营后酒尚温，其快、准、狠，可想而知。"（《从孙子兵法看兵学与武术的相通性》）

第四，在传统武术的技击实战中，所谓的"扬长避短"，又是对孙子"避实击虚"原则的活用。其主旨在于要对己方在身体素质与技术动作方面的不足加以巧妙的掩饰，而对自己长处加以淋漓尽致的发挥。腿法不足，要尽可能避免与敌远战而贴近对手；手法不足，则要尽可能避免近身与敌硬拼；空手对器械，则要远近分明，使敌远而不能有效攻击，近而无法施展其器械所长。总之，一切要根据实际情况发挥自己的特色和优势。对此，《拳谚》总结说："遇敌所能，展己所长。"

《陈氏太极拳图说》则从"以柔克刚"的角度论述"避实击虚"的道理："如人来击我，其势甚猛，我则不与之硬顶，将肱与身与步一顺身卸下，步手落彼之旁面，让过彼之风头。彼之锐气直往前冲不顾左右，且彼向前之气力，陡然转之左右甚不容易，我则以旁击之，以我之顺力击彼之横而无力，易乎不易？吾故曰：克刚易，克柔难。"

第五，兵家分奇正，武术之用亦分奇正。正者，拳、脚、肘、膝，格打架闪也；奇者，身形步法，移形换位也。实战应用中，以奇造势，以正扫荡。所谓刚柔相济、阴阳兼备、内外

三国名将关羽
关羽（？—220年），字云长，河东解县人，三国蜀汉著名将领。

邮票——西晋·格斗
这幅古代绘画表现了格斗场面。西晋时期，汉民族作为统治民族，为保卫家园及生命，崇尚武力，勇于格斗。据考古资料，北方草原游牧民族的赤身相扑格斗此时传入农耕社会的汉民族。

174

合一和形神兼具，无不是奇正之变的体现。孙子说"奇正之变，不可胜穷也"（《势篇》）。奇与正是一对相对存在的概念，对此人来说是"奇"的东西，对另一个人则可能是"正"；本来是"奇"的技术，一旦被对方适应也就变成了"正"的技术。总之，一切以对方能否预料为标准。在武学典籍《孙禄堂武学录》中，作者深刻论述了孙子奇正之变的无穷性："所用之虚实奇正，亦不可专有意用于奇正虚实。己手在彼手之上，用劲拉回，如落钩竿，谓之实。己手在彼手之下，亦用劲拉回，彼手挨不着己手，谓之虚。奇正之理亦然，奇无不正，正无不奇，奇中有正，正中有奇，奇正之变，所用无穷。"这样的理解可谓得孙子奇正思想精髓矣。

第六，对异常残酷的古代军事战争来说，具体战术与精神要素的结合是至关重要的。为此，孙子十分强调临敌作战时军心与士气的重要性。"三军可夺气，将军可夺心"是侧重对敌而言（《军争篇》）；"愚之亡地然而后存，陷之死地然后生"是侧重对己而言（《九地篇》）；而"静以幽，正以治"（《九地篇》）则主要是对指挥千军万马的将帅而言。武术前辈的著作也不乏强调精神的论述。戳脚的《交手要诀》曰："凡与人交手务要壮起胆来，盖胆者心之辅，胆壮则心亮，手脚自不忙乱。"《少林交手诀》说："一虎能胜十人胆，临敌要有十虎勇，一人胆大百人怕。"《大成拳诀》也说："胆气放纵，处处有法，胆怯心虚，不能取胜。" 值得强调的是，古代兵家与传统武术都十分重视精神力量与自身实力的统一，二者在强调"万法胆为先"的同时，从来也没有忘记"艺高人胆大"这一深刻的哲理。

三、《孙子兵法》对武术总体指导思想的启示

1.先为不可胜，以待敌之可胜

武术为内外兼修的运动项目，对基本功的要求非常高，只有付出艰辛的努力，才能有坚实的基础。任何一门武术，皆是由外练入内，由粗糙而达细致。外是内的根基，没有外的基础苦练，是绝对练不到也无法体会到内的精髓。所以，传统武术家们十分懂得在思想上首先确立孙子"先为不可胜，以待敌之可胜"的战略意识。拳谚说："有备能制人，无备受人制。"又说："七十二艺须苦练，春夏秋冬不休闲；每天练习数百遍，持恒定然成好汉。"世人皆知的少林功夫正是平日苦练的结果。

太极拳也十分注重内功修炼。具体表现在太极推手中，即强调我方胜利的基础在于自己的平衡能在运动中稳固地保持，遇刚则柔，遇软则硬，恰当而合理地处理对方的攻击，虽受大力攻击或突然袭击，仍能平衡稳定，及时走化，毫不动摇。

乔凤杰谈到，在不少拳种中，还专门制定了不为胜敌而只求自己在任何情况下均可立于不败之地的技术战法。如太极拳以"不偏不倚，无过不及""不即不离，不沾不脱"为基本的技术方法；采莲手中有一种"以不变应万变"的专门用于拖闪对手各种攻击的万能防守步法。几乎每个传统拳种都很明白，以灵活的躲闪移动为核心的游击战术对于技击实战来讲是至关重要的。

2.致人而不致于人

中华传统武术异于外域武术的一个本质特征即在于融入了哲学上的思辩，充分体现了孙

汉习射画像砖（拓片）

汉军制规定，未经训练或技术不娴熟的士兵，不能应召征战。

175

原始岩画上的武舞。时间为新石器时代末。舞者大多一手执盾，另一手持兵仗。

子"致人而不致于人"的思想，这是对抗斗争中思想意识的基本方法问题。在对抗过程中，武者并非想打哪就直接打哪，而是一切先分析判断对方的思考模式，要先让对方无法达成目的，且使对方想不透我的目的。故敌不动己不动，敌微动，我即侦知其意图，从而移形换位，先其而动，掌握主动权，并挫断其根，使其陷入不知会遭何待遇的恐慌中，剩下的就看要不要打，要不要发出，要取其性命亦或断手折足？故名家常言：中国拳术是一种因果拳，对方要下第几层地狱完全是由对方自己决定，吾人只是顺势变化而已。

3.因敌而制胜

"因敌而制胜" 是孙子用兵的重要指导思想之一。孙子在《实虚篇》中说："故水，因地而制行；兵，因敌而制胜。兵无成势，无恒形。能与敌化之谓神。"乔凤杰教授对这一指导思想的理解是非常深刻的。他说："避实而击虚、示形而误敌、正合而奇胜等，无疑是非常正确的，然而，

山东嘉祥县武梁祠汉代画像砖上的蹬弩放箭图

如何使这些战术方法得到完美的落实呢？这可能是一个永远也无法教条化的预先设定。有预设、有条件，充其量只能是初学者的思想方式，而真正伟大的军事家与武术家，必然是一种完全无我的随机应变。”所以，所谓的“因敌”，其实就是“无我”的结果，是人类大智慧的表现，是智者心灵深处潜能的爆发，是奇妙的艺术境界，它已从经验的高层日趋向彰显超验心的方向发展，这恰如兵家所言：“运用之妙，存乎一心”（《宋史·岳飞传》）；“此兵家之胜，不可先传也。”（《计篇》）

千年古刹——少林寺

少林寺位于河南省登封县境内，坐落在少室山北麓、五乳峰下茂林之中。寺庙始建于北魏年间，由印度高僧菩提达摩开拓，成为中国佛教禅宗的“祖庭”，号称“天下第一刹”。达摩传授禅宗佛的同时，还带来了“心意拳”，经寺内众僧的演练、充实，最终发展成一支享誉天下的武术流派，少林寺因作为少林拳的发源地而名扬四海。现存的少林寺建筑重建于明清时期，内有殿、亭、塔各种建筑，今日少林寺已经成为著名风景名胜。

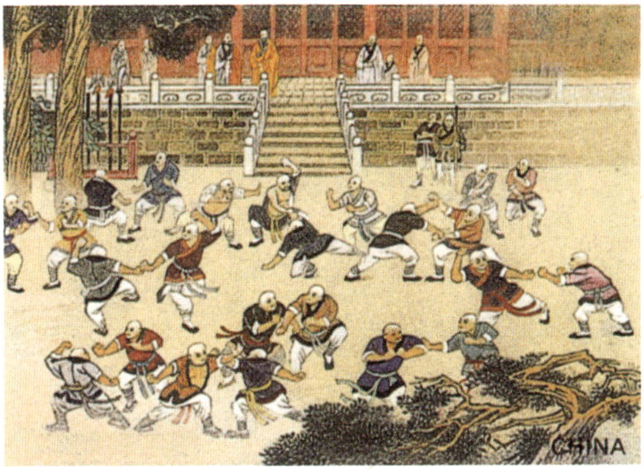

四、《孙子兵法》与武术在高端境界的统一

1.哲学层面的融合

《孙子兵法》与武术都是建立在古代朴素辩证法思想基础之上。阴阳是中国辩证思维的最高层面，武术各类拳种都从不同的侧面，反映了阴阳这两对基本范畴的辩证关系。如长拳的基本要求，动如涛、静如岳、起如猿、落如鹊、立如鸡、站如松、转如轮、折如弓等无不内含着阴阳之理；从技击运用的动态来讲，阴阳也无处不在，如：出手为阴，收手为阳，攻为阳，守为阴；从技法运用讲，以柔克刚，以刚制柔，避实就虚，引进落空，后发先至，阴阳变换等等在武术中随处可见。

孙子从辩证的角度论述了兵家进攻与防守两种战略思想的统一。他在《形篇》中说：“敌人无可乘之

中岳嵩山古庙

中岳嵩山是我国著名的五岳之一，其主体在河南登封境内，最高峰海拔1440米。由于历代帝王常到嵩山巡游、封禅，文人墨客足迹也遍及各处，文物古迹十分丰富，少林寺是其中之一。

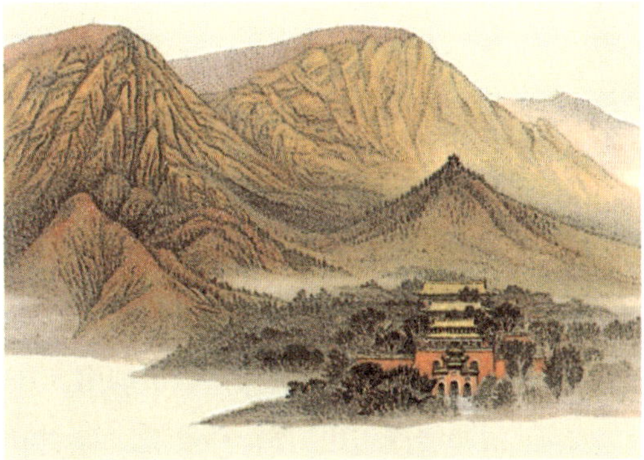

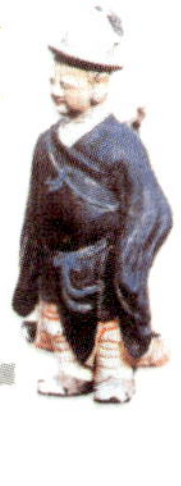

幽静且神秘的少林寺

少林寺武僧护唐王李世民，成为有名的历史佳话。

178

机，不能被战胜，且防守以待之；敌人有可乘之机，能够被战胜，则出奇攻而取之。防守是因为我方兵力不足，进攻是因为兵力超过对方。善于防守的，隐藏自己的兵力如同在深不可测的地下；善于进攻的部队就像从天而降，敌不及防。这样，才能保全自己而获得全胜。"

武术理论家周世勤指出：孙子这两种战略思想和实施原则运用于武术中，主要表现为"主于搏人"和"主于御敌"两种攻防技击方式。

太极拳的指导思想是"主于御敌"，其特点圆和柔缓，推手时讲究"舍己从人"，不与人顶抗，以内劲击发对方。这与孙子兵法的防御战略一脉相承。

长拳短打和少林拳的指导思想是"主于搏人"。其特点是"冷、弹、脆、快、硬"，动作刚劲有力，迅猛快速，讲究以手快打手慢，以迅雷不及掩耳之势，先发制人，硬打硬进，所向无敌。这与孙子的进攻战略一意相合。

2.道德境界的渗透

《孙子兵法》以安国全军为宗旨，以"不战而屈人之兵"为战争理想的最高境界。中华武术克己正身、宽厚谦让，也以惩恶扬善、保家卫国为修身的最高目标。嵩山少林寺之所以扬名天下，主要是在历史上曾帮助唐太宗统一天下，为支持明朝抗御倭寇而组织了僧兵，体现了保家卫国的宗旨。另外，上乘的

元代背剑武士俑

武者是以雄厚的武力为后盾，但不轻启战端，而是以谋制人，以德服人。《武林》1983年12期介绍了我国著名武术家孙禄堂于1930年同日本武士比武的故事。这一年孙已逾古稀，时有六个日本著名武士闻名至上海虹口孙家拜访，要求比武。孙以老迈婉谢，不能辞。乃引至后院练功场，场内有石凳四个。一武士云其力大超群，可手推500公斤，脚踢400公斤。随即飞起一脚将一石凳踢飞一丈，再一脚又进八尺。孙只好同意比赛力气，礼让为先。古稀老人仰躺地上，让两个武士按住双手，两个武士按住双脚，一武士按头，另一喊口号，如三声起不来就算输。言未毕众武士饿虎扑食般将孙按倒在地。在日人喊"三"时，孙用游身八卦法，一个"蜈蚣趴"从地上一跃而起，五日人纷纷倒地。日人大惊，心服口服，愿出二十万大洋，请孙至东瀛教拳，孙婉言谢绝，此可为武术家全胜之经典范例。

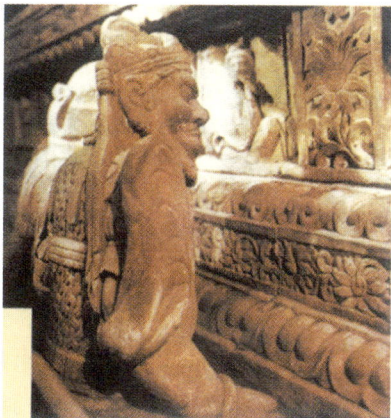

五代武士雕像

3.思维方式的会通

《孙子兵法》是以理论形态来感悟中国文化的致思模式，而武术是以运动实践来体悟中国文化的一种途径，二者实际都追求一种"得鱼而忘筌，得意而忘形"的思维至境。

《孙子兵法》十分强调用心去领悟用兵艺术的高层境界。他说："此兵家之胜，不可先传也。"(《计篇》)意思是："有些兵家制胜的道理和方法，只可意会，不可言传。"武术中也有一句谚语叫"拳打千遍，身法自现"。学会一个武术动作似乎没有太大的难度，深入之后，那上下内外的高度协调，那劲力技巧的体现，那心神意的配合，以及它所赋予的哲理，则需要人无止境地去体悟修炼方能心领神会。"长曲终有尽 此艺无绝期"。民间有的老拳师倾毕生精力，研究精练一套拳术，恐怕决不在于对运动表象的把握，要达到出神入化、"无形无法"的自然境界，才会愈加感到得之不易，其乐无穷。

兵家善弈
——《孙子兵法》与弈棋

尧制围棋图
尧为我国原始社会末期的一位部落联盟首领

棋者，奕也。"弈"中的机智、果敢、灵活，充分体现了传统兵学文化的谋略思维、辩证哲理和对抗艺术。因此，棋类作为竞技游戏，其形态、着法、规则在所有脑力竞技中最接近军事。围棋、象棋、军棋、五子棋所展示的对立双方"因而相杀"，一如敌我双方两军对垒，调兵遣将，布局对阵。"兵家善弈"，从一定意义上阐明了棋类和军事相互启迪的作用。

一、兵、棋渊源

棋类的产生与战争直接相关，模仿军事是其最初的功能形态。

从纵横交错的棋盘图形来看，围棋在原始社会时已具雏形。原始社会末期，随着贫富分化的出现和私有制的产生，部落之间开始有了争夺土地和水源的战争，于是也就有了占领土地大小为目标的"围"（棋）的模拟战争，其中占地空间的范围决定于水源的有无，也就是"眼"的有无，"眼"就是水源，至今打一口水井仍叫打一"眼"井。

上图为：甘肃永昌县鸳鸯池出土的原始社会末期陶罐上的围棋棋盘图案。下图为：其他陶器上的棋盘图案。

历史上"尧制围棋"的故事从一个侧面说明了原始社会已有围棋的事实及其与兵法的关系。仙人蒲伊劝说尧帝如何教育其不成器的儿子丹朱时是这样说的："棋虽然是小技艺，但与兵家谋略相合。对弈中千变万化，没有完全相同的棋局。倘若不是深思熟虑，不能求得胜负的根由。"回到家里之后，尧帝就用文桑木做棋局，用犀角和象牙做棋子，制作出光彩夺目、不同凡响的棋盘。丹朱在尧的教导下学会了围棋，从此果真有了长进。

孙膑、毛遂下棋图

春秋战国时期，战争连年不断，人们仿照军队的编制、布阵遣将的方法等创制了一种新的棋游戏，这当是象棋的最初形式。

今河南云梦山保留着战国时期鬼谷子师徒当年活动的有关遗迹30余处，其中就有孙膑、毛遂下棋图遗址和孙膑、庞涓下棋处遗址。

"象"是指象形的"象"，而非动物大象的"象"。有人认为，"象"表示人类运用自己的智慧驾驭万物表象之意。英国著名学者李约瑟在他所著的《中国科学技术发展史》一书中指出，"象棋是中国人民的创造，是古代中国人模拟战争而创造的一种游戏"。

象棋明显是古代战斗生活的一种形象反映，也是我国古代兵战和兵种名称所留下的宝贵"史料"。我们看象棋中的将(帅)、车、马、士、卒(兵)这几个子，显然是先秦时代军事方面的遗制。例如：车、马，是因古人有车战和马战而产生；兵、卒是因步兵而产生。象棋棋盘上兵的数目为五，并规定了有进无退的步法，这可能是因春秋战国时代兵制上有"五人为一伍"之制，并有作战时士兵只能前进不能后退的法令。"炮"作为象棋中的一个重要棋子，出现的时间较晚。一般人认为，"炮"是宋代才增入的，理由是真正的火器(包括火炮)是在宋代出现的。但是，众所周知，象棋中的"炮"，一直写作"砲"，从"石"而不从"火"，它是来自抛石机之"砲"，而不是宋代以后的火炮。所以，可以断定，"炮"最晚在唐代中叶以前，就已经出现在象棋中了。

蒙古象棋是内蒙古民间盛行的一种体育游戏。蒙古崛起时，从草原进入农业区，为攻打城墙，曾从金人那里学习了抛石机。后又制造了火药炮，成为蒙古军队攻城突破的重要武器。蒙古人将其运用于棋盘上，成

宋代棋子中的炮

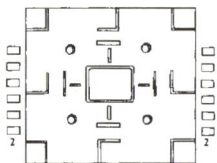

182

秦 六博棋具

（湖北云梦M₁出土）
1.局 2.棋子 3.箸

为一种智慧游戏。

国际象棋的产生与蒙古象棋极为类似。关于它的历史，一般认为由古印度的四人棋戏"却图郎卡"演变而来，距今已有二千多年的历史。此棋约在十五世纪至十六世纪时，由阿拉伯人传入欧洲，几经变革，形成了现在的国际象棋。

中国古代还有一种与兵战极为类似的六博棋，每方各有六枚子，其中最重要的一子称"枭"。"枭"的含义是尊贵和骁勇，在对局中必须要杀死"枭"才能算是获胜。六博行棋时，双方要互相逼迫，"枭"一得便即可吃掉对方的"散"。同时，"枭"在己方"散"的配合下，调兵遣将，争取时机杀掉对方的"枭"。对博的胜负以杀"枭"来决定，这与兵法中"擒贼先擒王"的求胜规则相似。

二、《孙子兵法》对弈棋的影响

棋类受军事的影响，古往今来多有论述。在中国古代的图书分类中是把围棋谱归入兵书一类的。《隋书·经籍志》就有棋谱收入兵书。

东汉桓谭在《新论》中指出："俗有围棋之战，或言是兵法之类也。"他把围棋比作用兵，认为"高明者从全局出发，胸怀大略而胜券在握；低能者则贪求小利，目光短浅，为争一子而失先机"。东汉的马融将围棋视为小战场，把下围棋当作用兵作战，他在《围棋赋》中讲到"略观围棋，法于用兵，三尺之局，为战斗场"，意思是说，围棋的谋略之法，源于用兵，三尺棋盘，就是战斗场。

曲阜窑瓦头村出土的汉朝博弈画像砖

因为棋类与兵法有着如此密切的联系，作为兵学圣典的《孙子兵法》自然也对其产生深刻的影响。两汉时已开始有人不自觉地将孙子的"虚实"思想运用于下棋。如精通棋艺棋理的黄宪就曾撰有《机论》，专门论述围棋的虚实形势。他所说的"机"就是我们现在所说的布局，那时黄宪已提出，布局要着重解决虚实问题，布局好，进可以攻，退可以守，便可取胜。这一理论为我国围棋布局的战略思想奠定了基础。

北周写本《敦煌棋经》是世界上现存最古老的棋经。大约一千四百年前，即南北朝时期的北周之时（557年—581年），一位佚名先贤在写有佛经的羊皮背面手写下棋经一卷。因其被发现于敦煌藏经洞，故名《敦煌棋经》。在本书中，作者用辨证的观点，把《孙子兵法》的一些战略战术思想巧妙地用在下棋上。全文精辟地论证了下棋之要诀在于斗智、敏捷、灵活，反应要快，审查要详，才能立于不败之地。

在唐朝时期的古典军事名著《唐李问对》中，李靖曾以棋喻兵，回答唐太宗李世民的问话。唐太宗说："我看兵法千章万句，'不出乎通过多种方法以误导敌人'一句而已。"李靖回答说："确实如圣上所言，大凡用兵，若敌人不失误，则我军怎么能战胜它呢？就好比是下棋，两军势均力敌，有时一着失误，竟然就不能补救。因此，古今战争胜败，很多都是由于一个失误造成的，何况是多方面的失误呢？"

唐朝王积薪的《围棋十诀》，从军事角度观察和思考围棋，得出了许多重要结论。他总结出的围棋十诀就是：1.不得贪胜。2.入界宜缓。3.攻彼顾我。4.弃子争先。5.舍小就大。6.逢危必弃。7.慎勿轻速。8.动须相应。9.彼强自保。10.势孤取和。略作分析即知，这些要诀几乎非常全面地汲取了《孙子兵法》中的用兵原则和思想。

红佛记·李世民观棋图

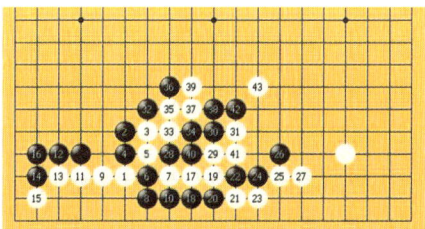

宋代刘仲甫有《棋诀》篇，分为布置、侵凌、用战、取舍四部分。他在结尾处总结说，下棋与用兵相似，大体合孙武、吴起的用兵之法。如古人所言："对敌则运用计谋，乘其虚弱，冷静思考于方寸之间，解除疑难于顷

《忘忧清乐集》载《王积薪一子解二征》

184

贾宗赤先生枢品微刻作品——《棋经十三篇》

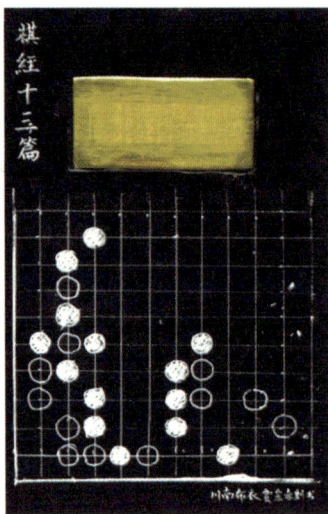

刻之际；动静结合，奇正莫测，不因为犹豫而失去成功，不因为小利而妨碍长远大局。"这可以说非常深刻地抓住了孙子攻守、奇正、虚实等用兵思想的精髓以论棋道。

在宋仁宗皇祐年间，棋界出现了第一部棋战与《孙子兵法》相结合的著作——《棋经十三篇》。它是由大学士张拟所撰，其内容分别是：论局篇第一，得算篇第二，权舆篇第三，合战篇第四，虚实篇第五，自知篇第六，审局篇第七，度情篇第八，斜正篇第九，洞微篇第十，名数篇第十一，品格篇第十二，杂说篇第十三。在这部书中，张拟提出，下棋其实就是在用兵，他主张以兵家之法用于对弈。他认为下棋应该有所取，有所弃，不能贪小利而失大局；而且要能看出对方步局的虚实；要活用孙子兵法所说的"以迂为直""速战速决""利而诱之""围而歼之"等兵法原则。这些理论继续发展了前代围棋理论的精华，巧妙运用孙子思想来指导下棋，这在围棋发展史上是十分有创意的。

明人许仲冶在《石室仙机》中曾用兵家思想对围棋的品级做过解释。其中谈到，"一品入神，变化不测，而能先知，精义入神，不战而屈人之棋，无与之敌者"；"六品小巧，不务远图，好施小巧"；"七品斗力，动则必战，与敌相抗，不用其智而专斗力"。这几乎与孙子在《谋攻篇》中提到的"上兵伐谋，其次伐交，其次伐兵，其下攻城"一脉相承。

明确提到棋艺高超可以达到孙子"不战而屈人之兵"思想境界的另一人是清朝的徐星友。徐星友在其著作《兼山堂弈谱》中这样论述自己的棋风："制于有形，不若制于无形"；"善战而胜，曷若不战屈人"。所谓"不战屈人"，就是不靠激烈的厮杀获胜，而是一点一点地侵蚀，直到取得最后胜利。这种藏而不露而又坚强有力的棋术，非一般人所能达到，它对后世影响极大。

中国象棋第一部与《孙子兵法》相结合的著作是山西贾题韬先生的

《象棋指归》。贾题韬先生(1909年—1995年)是中国象棋理论的奠基人，他在《视察战场——棋盘》一节曾引用孙子"夫地形者，兵之助也"的论述来比喻下棋。他说："关于此点，历来棋谱向未道及，惟操子较久，技术较高者，乃心知其意，观其各子布置之地位，即可知其艺术之高下。"

三、兵家善弈

中国历史上有很多军事家、政治家弈棋的传说。它也能从一个侧面反映出《孙子兵法》为代表的兵家理论对下棋的深远影响。

三国时的大政治家和军事家曹操是个围棋高手，他视棋如命，经常在忙碌的政务和军务闲暇之际和人下围棋，以此为乐。三国时期蜀国名将关羽在对弈中刮骨疗毒的故事几乎是妇孺皆知。

郑成功弈棋时聆听军情报告

诸葛亮年轻时隐居隆中，以琴、棋、书、画自娱，陶冶出治国安邦的辅佐之才。《三国演义》上说，刘备第一次请诸葛亮时，听到农夫在田野唱歌："苍天如圆盖，陆地为棋局，世人黑白分，往来争荣辱。荣者自安安，辱者自碌碌，南阳有隐居，高眠卧不足。"《玉海》一书上也说，成都有棋盘市，即诸葛亮安营布阵之处。刘备伐吴，被东吴名将陆逊火烧八百里连营。诸葛亮排八阵图，阻陆逊入蜀。阵图就在四川新都县弥牟镇东。后人有诗云："魁台

日本·歌川国芳·关公弈棋刮骨 (1853年)

185

武侯八阵图，从图中可以看出每一阵都颇似围棋布阵。

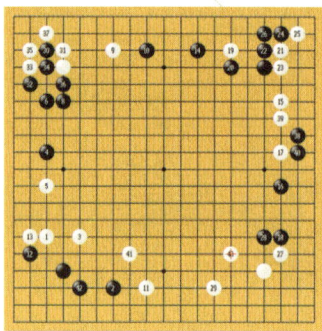

186

《忘忧清乐集》孙策诏吕范弈棋局面（白7在32右），有人认为这是中国现存最早的棋局。

一丈高三尺，如星如弈如联珠。"相传诸葛亮正是运用了围棋战法，才把阵图摆得如棋子错落，奥妙无穷，使陆逊见阵而退，不敢入蜀中半步。

吴国上层人物中，好弈者甚多。孙策、吕范、诸葛谨、陆逊等都是围棋好手。《三国志·吕范传》上说：吕范攻打山越回来，准备向孙策汇报战绩。孙策并不让吕范站着干讲，两人一边下围棋，一边论战事。

东晋宰相谢安在淝水之战中奕棋的故事很多人都知道。据史书记载：公元383年，苻坚亲率百万大兵侵犯晋国，打到淮肥时，京师震动。谢安受命后却一如往常，终日沉浸于琴、棋、诗、酒之中。其侄子谢玄焦虑，入帐问计，谢安毫不在意地回了句"我自有方略"，便再不言语。当夜，谢安突然密传众将，会议军情，指授将帅，各当其任，最终以八万之众破苻坚的百万大军，取得淝水之战的大捷。大兵压境，谢安胸有成竹，是因能从棋理中悟出稳操胜券之道。他那深藏不露、临危不惧、以静制动的帅风，正是从弈棋中修炼出来的。这正如元代叶颙所咏："坐阅几输赢，历观迭兴衰。古今豪杰辈，谋略正类棋。"

近代我党的许多著名政治家、军事家也爱好下棋，并能以棋喻兵。陈毅将军就是位围棋爱好者。在战争年代，他做了两个布袋，随身带着棋具。陈毅下棋同他作战风格一样，喜欢采取包围战术，经常开展猛烈进攻，整块整块地吃。他从来不悔棋，也不让别人悔棋。陈毅认为：棋盘就是战场，要认真对待。如果把这当儿戏，举棋不定，乱投子，那死了活该。人要看人品，下棋也要看棋品。

四、兵、棋同理

《孙子兵法》之所以能对下棋产生如此深刻的影响，是因为棋类法则与战争法则在很多方面都相通,二者都植根于中国传统文化的沃土之中。

1.平等思想

兵家在作战过程中不受任何规则的制约,无规则就是最大的规则,这集中体现了战争双方的平等性原则。

这一思想在棋类规则中也得以充分体现。从棋牌体现的平等思想上看,越是高级的,越能体现出平等思想。围棋最古老,然而最现代。在未落子之前,棋子与棋子之间无任何身份、地位、价值上的差别,只有在不同的位置才体现出了不同的价值。行棋中棋子无区域和行棋路线的限制,黑白两色只是为区分交战双方而设。

无任何等级之分的黑白二子喻示围棋蕴涵的平等思想

2.全局观念

中国的兵学家十分强调牺牲局部利益来获得全局的主动,牺牲短期的利益来获得长远的发展。孙子说:"途有所不由,军有所不击,城有所不攻,地有所不争,君命有所不受。"(《九变篇》)即言必须以全局和长远的利益为依据而不能计较局部和暂时的得失。棋类的全局观念在对弈中也体现得非常明显。中国象棋、国际象棋均不以吃子为先而以杀死对方将帅、帝王为胜,消灭对方的有生力量只是弈棋目的之一,不是对弈的全部。围棋对弈中常常有通过弃子转换来扭转危局,实现反败为胜。围棋的思想性比之象棋更强调深刻全面的目的性,以获得最大的利益为胜,在体现战争本质和目的上比其他棋类达到了更高境界,非常符合战争规律。

围棋的全局观念

3.辩证思想

中国古代军事学的辩证思维已达到了相当高的水平。如孙子提出的虚实转化、奇正相生、常变结合等命题,都体现出辩证法的光辉。棋类艺术也充满了辩证法。吴清源认为,中国哲学,特别是与《易经》有关的《河图》和《洛书》也是黑白圆点的辩证布局,和围棋可能有渊源关

系。苏联科学院远东研究员切列夫考博士则在 1984 年 1 月 5 号的《苏联棋艺》上发表文章说：国际象棋起源于易经的思想：64 格，对应八八六十四卦，黑白对应阴阳。就具体内容看，孙子提到的生死、弃保、得失、快慢、凶稳、攻守、大小、强弱、虚实、厚薄、主次等等一系列军事范畴概念，在棋类艺术中俯拾皆是，每一个辩证关系都可以作出一篇文章。军事家可以从下棋中得到辩证思维的锻炼，优势、劣势、胜势、绝境，都是围棋和军事所共有的课题，是对情感、意志、品格、作风等心理素质全方位的考验。

4.因变思想

古人对弈图

"因变"是孙子思想的核心。《实虚篇》中说："故水，因地而制行；兵，因敌而制胜。兵无成势，无恒形。能与敌化之谓神。"同理，任何棋类，进入中残局之后，棋面错综复杂、变化无穷，没有任何固定的模式，如何取胜，要看一个棋手机敏灵活的天赋。《孙子兵法》讲究奇正之变，出奇以制胜，而且强调要先为不可胜，以等待敌人可以被战胜的机会。这恰如双方棋力相等的布局，我方谨慎防守，则可成和棋；但当对方出现漏洞、错招、软招时，则夺其所爱，击其虚弱，险中求胜。《孙子兵法》所讲的"势"是因敌而设的一种格局，一种应变制敌的态势，聪明的将帅会借这种"势"将自己的力量发挥到最大。棋类有个专业术语叫"形格势禁"，即讲究如何舍子取势、运子蓄势、弃子入局，造成一种有利态势，使对方上下、左右不能相顾，处处陷于被动而被我方击败。

第六章

《孙子兵法》的世界影响

图说孙子

《孙子兵法》在世界各地传播示意图（国防大学刘春志制作）

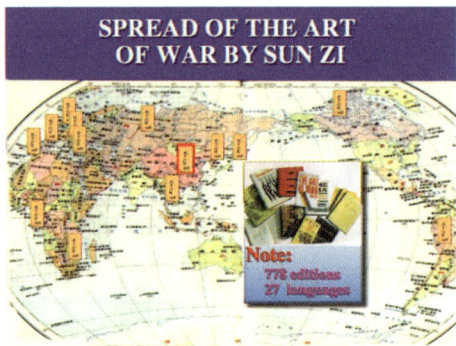

190

《孙子兵法》作为中国乃至世界历史上最早也是最完备的军事战略学著作，它不仅在中国影响深远，而且在国外也备受重视。由于它深刻揭示了战争的一般规律和指导规律，极具学术和实用价值，故早在1000多年前，就已经流传到东瀛，之后又传到世界许多国家和地区，成为全世界共同的思想文化遗产和精神财富。如果说造纸术、印刷术、指南针和火药四大发明是中国在科技领域对人类文明做出的杰出贡献的话，那么，《孙子兵法》则是中国在军事、哲学思想领域做出的又一突出贡献。

1955年，前苏联军事理论家J·A·拉津教授在其《孙子兵法》俄译本序论中指出：古代中国军事理论家先于希腊和罗马的军事理论家，而中国古代军事理论家中最杰出的是孙子。拉津认为《孙子兵法》在亚洲的影响大大超过罗马军事理论家韦格蒂乌斯在欧洲的影响，而且前者在亚洲的生命力更为长久。1973年，美国国防大学战略研究所所长、著名战略家约翰·柯林斯在其《大战略》中认为，孙子是世界上"形成战略思想的第一个伟大人物"；"十三篇是古今中外的第一杰作，连克劳塞维茨在2200年后所写的《战争论》也是望尘莫及的"；"今天没有一个人对战略的相互关系、应考虑的问题和所受的限制比他有更深刻的认识。他的大部分观点在我们的当前环境中仍然具有和当时同样重大的意义"。我们从拉津和柯林斯的上述评价中，对《孙子兵法》在国外的历史地位和影响便可窥见一斑。

《孙子兵法》在亚洲

一、风靡东瀛

距今1200多年前，《孙子兵法》就传入了日本。作为中国一衣带水邻邦的日本国，可以说是《孙子兵法》在海外流传最早、传播最广、受益最大的一个国家。

关于《孙子兵法》传入日本的时间，比较通行的说法是由日本奈良时代的遣唐使吉备真备于唐开元二十三年（735年）回国时带回的。但据战后日本著名兵法史学者佐藤坚司推断，传入的时间可能会更早——系七世纪传入朝鲜，后由朝鲜学者带入日本。《孙子兵法》传入日本后，曾长期作为朝廷与兵家的"秘籍"被小心地保护，只有具有某种身份或资格的人才能接近这些能够确保在战场上克敌制胜的"秘诀"。从日本的古代和中世纪到19世纪中叶，《孙子兵法》在日本历经了秘密珍藏、逐步公开和传播到研究发展鼎盛时期三个阶段。

吉备真备返回日本后，曾向太宰府的官员讲授"孙子九势"。公元891年，《日本国见在书目录》已列有六种不同版本的《孙子兵法》。从中世纪后期开始，武士集团势力崛起，逐渐取代世袭贵族而独揽朝政，天皇势力江河日下。于是，《孙子兵法》也就从皇宫先后传入大江、源义、楠木、源氏等兵家和武将家族手中。日本战国时期（1467年—1573年），甲州武田源氏的后裔武田信玄，继承家传兵法，成为著名将领。他非常崇拜《孙子兵法》，以《孙子兵法》的名言为座右铭。他所制定的突击军旗上援引有《军争篇》中"其疾如风、其徐如林、侵掠如火、不动如山"16个大字，作为其军队的信条。如今这面原旗仍保存在日本盐山市云峰寺中。有时他的军旗上直书"孙子"二字。武田信玄有兵书《甲阳军鉴》传世，其内容基本上是祖述孙子的。所以，武田信玄在日本被誉为"日本化了的孙子"。

日本遣唐使船（模型）

德川幕府时期，《孙子兵法》才真正在日本民间流传开来。开创江户时代的德川家康（1651年—1680

德川幕府的第一代将军德川家康

年）是甲州派兵法的继承人，他承继武田信玄，是一位善用兵法的统治者，他完成了日本武士们百年来未竟之大业，给日本带来持久和平。

《孙子兵法》在日本的流传，开始仅靠汉文本传抄传读，直到1660年，第一部《孙子兵法》日译本才付梓问世，这将日本研究和普及《孙子兵法》向前推进了一大步。从此，《孙子兵法》的各种版本在日本公开重抄重印，各种注释和研究著作大量涌现，先后出现了大大小小几十个武学流派，形成了旷日持久的"孙子热"。这一时期日本研究《孙子兵法》的就有50余家，代表人物如山鹿派兵学创始人山鹿素行、北条派兵学创始人北条氏长等，均对孙子思想有深刻的理解，并著有数部研究《孙子兵法》的专著。其时代表性的著作如林罗山的《孙子谚解》、北条氏的《孙子外传》、藤益的《孙子摘要》、佐枝尹重的《孙子管蠡》、吉田松荫的《孙子详注》等都很有影响。尤其是山鹿素行在日本被奉为文武兼备、智勇双全的战争哲学家，他的《孙子谚义》第一个将"十三篇"作为一个完整的科学体系加以阐述，影响很大。这一时期是日本历史上名将辈出的时代，也是《孙子兵法》对日本军事思想产生影响的鼎盛时期，日军将领无不将《孙子兵法》奉为圭臬。日本古代的各种兵法，考其源流，无不与《孙子兵法》有着极其密切的联系。诸如《甲阳军鉴》《信玄全集》《兵法记》《兵法秘传》等，其主要思想都出自于《孙子兵法》。

19世纪后期，孙子学几乎成为日本的显学，以后各个历史时期都有大量研究《孙子兵法》的成果问世，到第二次世界大战前，日本出版有关《孙子兵法》的专著多达100种以上，而且反传到我国的就有50余部。日本不仅是世界上翻译、注释《孙子兵法》和出版研究专著最多的国家，而且其兵家、武士及学者高度重视在实践中研究和运用《孙子兵法》。"二战"后，日本兵学大家佐藤坚司的巨著《孙子思想研究史考》，对日本1000多年的《孙子兵法》研究进行了系统的总结。

日本大田玄龄校注《孙子》稿本，书成于安政四年（1857年）

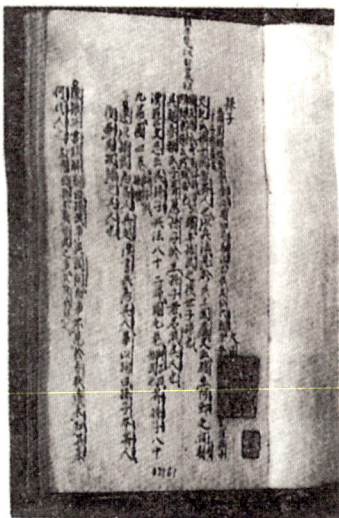

正因为《孙子兵法》在日本的传播源远流长，所以日本学术界及军界将领对《孙子兵法》进行了多领域的探讨，形成众多流派，并对孙子及其兵法评价甚高，认为孙子是"伟大的战争哲学家""兵圣""兵家之祖"，"东方兵学鼻祖"。甚至推崇到无以复加的地步，认为"孔夫子者，儒圣也；孙夫子者，兵圣也。后世儒者不能外于孔夫子而他求，兵家不得背于孙夫子而别进矣。是以文武并立，而天地之道始全焉。可谓二圣人功，极大极盛矣！"《孙子兵法》则"闳廓深远""诡谲奥深，穷幽极渺"，是"科学的、有生命力的、不朽的名著""具有科学体系的优秀著作""韬略之神髓""武经之冠冕""科学的战争理论书"和"战争哲学书"等。

近几十年来，日本人对《孙子兵法》研究更加深入，有的开展孙子思想史研究，如佐藤坚司；有的把孙子和毛泽东的军事思想对照起来研究；有的把孙子与中日战争联系起来研究；还有的对《孙子兵法》进行逐字逐句的研究，继续校对、校释，如服部千春等。为适应这一需要，日本东北大学中国哲学研究所于1971年编撰了《孙子索引》，这是中国古代兵书的第一部专书索引。1974年，中国《孙子兵法》《孙膑兵法》同时在山东临沂银雀山汉墓出土的消息传到日本，立即引起轰动，日本的专家学者纷纷撰文，连篇累牍地进行报道。日本人对《孙子兵法》的兴趣之浓，关注之密切，研究热情之高，由此可见一斑。

服部千春著《孙子圣典》出版祝贺图

《孙子兵法》自传入日本一直到第二次世界大战时期，基本上是以纯军事著作的身份被用于战争领域，日本著名军事将领活用《孙子兵法》而取胜的战例不乏记载。譬如，日本平安时代的将领八幡太郎曾向大江匡房学习《孙子兵法》。在陆奥战役中，他看见雁鸟乱飞，想起孙子在《行军篇》中的"鸟起者，伏也"的告诫，判断敌人有伏兵，遂改变作战计划，脱离了危险。日本古代兵家大江家被认为是孙子的正统传

人，后来形成甲州派武学。可以说孙子的思想已经深深植根于日本军事文化的传统之中。历史上的日本名将武田信玄、德川家康、织田信长、丰臣秀吉等都是孙子的执著信徒，他们在日本古代都有对《孙子兵法》的成功运用。

明治维新之后，日本国内掀起了一股向西方学习的浪潮，在军界则是研究克劳塞维茨的《战争论》，但对《孙子兵法》的应用研究从未中断。比较而言，日本军界对《孙子兵法》的研究热情更高，陆海空军均有专著问世。如陆军中将落合丰三郎的《孙子例解》、海军中将佐藤铁太郎的《孙子御进讲录》、辎重兵大尉冈本的《古代东洋兵学·孙子解说》、空军少将大场弥平的《孙子兵法》等等。有的从战史和名将言论方面进行研究，有的从海军理论方面展开研究，有的从空军战略战术方面进行论述，

日俄战争中的对马海战

还有的从近现代战争理论方面分析研究，虽然各有宗旨，但他们共同的目的是吸取《孙子兵法》中的制胜智慧，为其现实服务。

在近代，日本的谍报人员曾把《孙子兵法》作为最大的谍报技巧专家的著作翻译成日语。在1904年爆发的日俄战争中，日本联合舰队司令东乡平八郎在出发时没有带任何日本典籍，只随身携带了一册《孙子兵法》。他首先通过"用间"——情报机构和侦察手段，掌握了俄国波罗的海舰队的组成、实力、航程细节、舰只性能甚至官兵的士气。其次，根据"以虞待不虞者胜"的知胜之道，运用"以佚待劳"战术，派遣99艘军舰在对马海峡拦截由38艘舰船组成的俄国舰队，集中优势兵力，于1905年5月全歼了俄国舰队，取得了日俄战争的胜利。东乡平八郎曾用两句话概括他战胜俄军的道理，即《孙子兵法》中的"以佚待劳，以饱待饥"。陆军大将乃木希典在战后也以私费出版的《孙子谚义》赠送朋友。可以说，日俄战争是日本军事领域对《孙子兵法》最成功的运用，因此

可以看出《孙子兵法》在日军将领指挥作战中的地位和作用是何等突出。

1941年12月8日，日军以"攻其无备，出其不意"的突袭手段偷袭珍珠港美国太平洋舰队，前后搜集情报和实际运用情报的策略也大都取自《孙子兵法》，而且取得了成功。

可是事实证明，日本人对《孙子兵法》的理解从总体上说，仍然是肤浅的。1937年，日本发动了全面对华战争。战争开始后，日本进攻中国华北、华东及以后进攻马来半岛，都企图运用孙子的"兵贵胜，不贵久""兵之情主速"和"迂直之计"等作战原则，以快速推进配以大纵深包抄来取得战役突袭的成功。但在战略上，日本却又违背了孙子的"慎战"和"先知"思想，对中国的国情和战争潜力估计不足。随着战线过长，它也就犯了孙子所说的"无所不备则无所不寡"这种根本性的错误，导致"费留"，掉进陷阱而难以脱身。

日本人虽然有幸读到了《孙子兵法》，侵华时期将孙子的一些战略战术思想运用于中国战场，如所谓"总力战""以战养战"等，但在以活学活用《孙子兵法》著称的战略大师毛泽东眼里简直就是班门

中国战区日军
受降献刀礼成（1945
年10月10日）

195

1945年9月2日，日本代表在东京湾美舰"密苏里"号上签字投降，第二次世界大战结束。

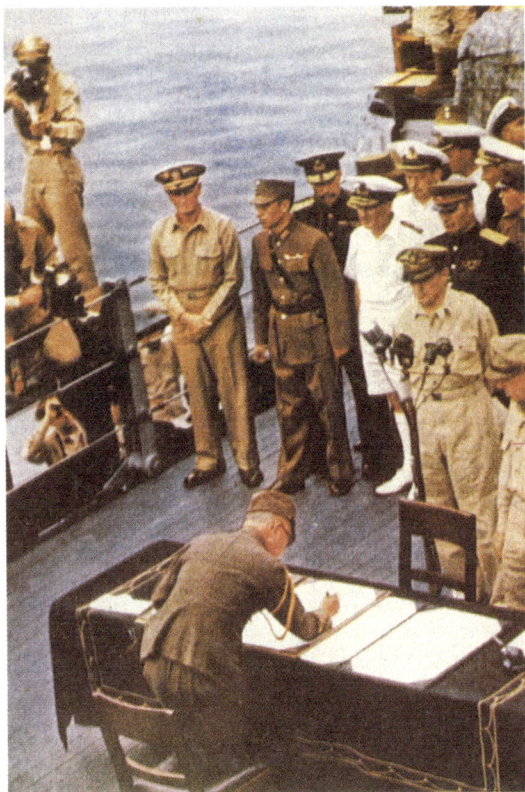

弄斧了。毛泽东的持久战和人民战争战略战术给日本人上了一堂生动的兵法课。

日本现代著名军事评论家小山内宏在谈到第二次世界大战日本的失败时说，当年发动战争，"原以为有办法的"，"只要实行神化战术就能取得胜利"，"结果日本失败了"，如果那时"认真学习一下这部《孙子兵法》，就决不贸然发动那一场战争"。可见他是以《孙子兵法》的思想来总结日本失败教训的。

对此美国人格里菲思在其《孙子对日本军事思想的影响》一文中分析的则更为透彻："看起来尽管日本人对孙子进行了专心致志的研究，他们对孙子的理解却是肤浅的。从最深层的意义上来说，他们既不了解敌人也不了解自己，他们在庙堂中的计算是不客观的。并且他们还忘记了孟子的至理名言：则小固不可以敌大，寡固不可以敌众，弱固不可以敌强。"

格里菲思确实触到了日本人的痛处，可是他的分析显然也忽视了一个更重要的原因，那就是日本人还忘记了一句中国格言：多行不义，必自毙。

与军事领域相比，显然日本人二战后在经济领域对《孙子兵法》的运用更为成功。

日本的学者不仅用孙子的思想来检讨战争行为的得失，而且开创性地把它运用于企业管理、商业经营等领域，使日本在短短半个世纪的时间里一跃成为世界第二经济大国。战后日本经济的高速发展，除了有利的国际环境等因素之外，

服部千春拜会中国著名孙子兵法研究专家郭化若将军

很多日本企业家重视运用孙子的理论，把孙子理论创造性地运用于企业发展与商业竞争，也是一个重要的因素。正如日本学者村山孚所说：日本企业的生存和发展有两个支柱，一个是美国的现代管理制度，一个是《孙子兵法》的战略和策略。日本麦肯齐公司董事长大前研一也指出，日本企业之所以能战胜欧美企业，原因就在于日本"采用中国兵法指导企业经营管理，比美国的企业经营管理更合理有效"。

在日本商界，运用兵法经营的成功人士比比皆是，从大桥武夫、松下幸之助到服部千春、孙正义等，他们对《孙子兵法》的深刻理解和成功运用，对于世界性的《孙子兵法》在经济领域应用热潮的兴起，起到了十分重要的作用。

二、流传朝鲜半岛

朝鲜是《孙子兵法》最早传入的国家之一，但具体的传入时间已经很难考证。据日本兵学家佐藤坚司称，早在公元663年，来日本的百济兵学家木素贵子等人就知道《孙子兵法》，说明在此之前《孙子兵法》就已传

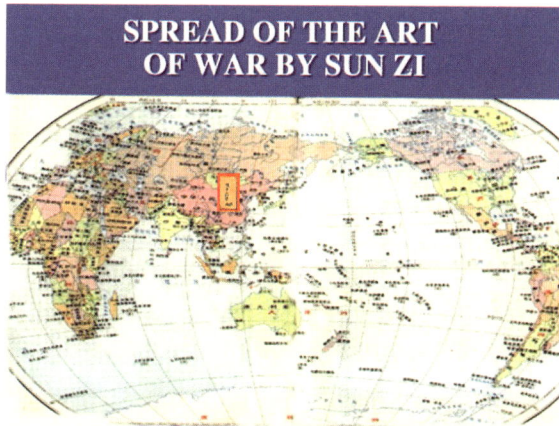

SPREAD OF THE ART OF WAR BY SUN ZI

孙子兵法最早流传东亚——朝鲜和日本（国防大学刘春志制作）

198

入了朝鲜半岛。有人说《孙子兵法》传入朝鲜是在 15 世纪，这是不恰当的。

《孙子兵法》传入朝鲜半岛后，曾经出现过一些比较有影响的翻译和研究著作。据《朝鲜通史》记载，十五世纪朝鲜李朝的义宗－世祖时期，曾出版过《武经七书》的注释本，其中就包括《孙子兵法》。1777 年，朝鲜又发行《新刊增注孙武子直解》。后来又有《孙子髓》《孙子直传》等译作和研究著述行世，在朝鲜国内产生了较大影响。但它的广泛传播却是在第二次世界大战之后的韩国。二战后，朝鲜半岛南北分治，伴随着韩国经济的发展，出现了一个学习、研究《孙子兵法》的热潮。

1972 年 8 月，在韩国出版了金相一的《孙子》朝鲜文译解本。作者根据自己的

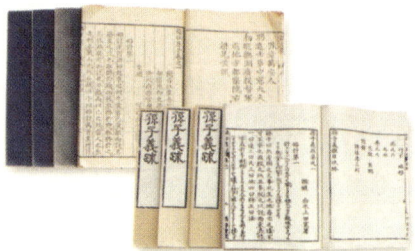

国内几部不同版本的《孙子兵法》。在《孙子兵法》辑注的文本里，能读到精辟的军事理论和见解。

孙子著书（油画）
《孙子兵法》13 篇，5 千余字。2500 多年来，它以博大精深的谋略智慧、精辟深奥的哲理，备受世人推崇，被誉为"兵学经典"，是孙子智慧心血的结晶。

对孙子的学说有着比较深刻的见解。1988年，中国青年出版社出版了由韩国郑飞石编写、中国陈和章翻译的中文版《孙子兵法演义》。这是一本小说性质的书，书中的内容虽然不尽符合历史事实，但作者却从体现孙子的谋略入手，用春秋战国时期政治、外交、军事斗争的故事，全面地阐述了《孙子兵法》的思想，提供给现代企业作经营、竞争之参考，因此可以说，这是一本很有新意的书。此书后来在台湾、香港等地都有中译本发行。

1990年，在北京召开的第二届孙子兵法国际研讨会上，韩国国防研究院金岩山向大会提交了名为《孙子兵法的现代意义——关于有限战争的理论和实践》的论文。文中对孙子的有限战争论进行了比较深入地分析，反映了在新的国际形势下人们对战争以及战争目的的认识，是一篇紧密结合实际、挖掘《孙子兵法》真正价值的文章。

韩国首尔大学教授李大功，运用孙子"伐谋""伐交"的思想，来论证当前南北方的谈判策略，为韩国的现行战略提供理论依据。

此外，林一峰、姜午鹤的《孙子兵法》译本也都有自己独到的见解，常被专家学者引用。

三、流传马来西亚

马来西亚是另一个学习传播《孙子兵法》比较活跃的亚洲国家。

该国学者郑良树在孙子研究上著述颇丰。1974年，他出版了《孙子斠补》一书，这是作者用汉文写作，并由手书影印出版的。全书加按语和注释，且多引用经史古籍，书中的独到见解反映了作者对孙子思想的深悟和理解。1982年，中华书局又出版了他的《竹简帛书论文集》，其中《论银雀山出土〈孙子〉佚文》和《论"孙子"的作成时代》等文章，颇有见地。1992年，第三届孙子兵法国际研讨会在山东临沂召开，郑良树向大会提交了《孙子军

马来西亚孙子兵法学会会长吕罗拔在研读《孙子兵法》

事思想的继承和创新》的学术论文。文章从战争与政治、战争与自然环境、战争与将帅的关系及战略战术等四个方面对孙子的思想进行了深入的探讨。

据说马来西亚前总理马哈蒂尔上台之初就表示《孙子兵法》对他很有影响，他一生最重视两本书，其中一本就是《孙子兵法》。

1986年由叶新田用马来文翻译的《孙子兵法》出版，这对马来西亚读者来说是一件大事，对推动马来西亚文化的发展和运用马来语研究《孙子兵法》具有十分重要的意义。

1991年10月，曾在新加坡经商的吕罗拔为了系统地研究和应用《孙子兵法》，组织志同道合之士在吉隆坡筹备成立孙子兵法学会。1992年4月，马来西亚孙子兵法学会正式成立，选举吕罗拔为会长。这是东南亚地区第一个从事《孙子兵法》研究的外国民间学术团体。5月，学会举办了第一期《孙子兵法》导读班。紧接着，吕罗拔坚持每周举办孙子兵法及应用讲座，至今已举办近500场，受到当地人士的热烈欢迎。10月出版了杂志《兵法世界》创刊号。创刊号以山东惠民孙武塑像为封面，刊登了中国孙子兵法研究会郭化若、吴如嵩等的祝词，详细报道了马来西亚孙子兵法学会的活动状况，刊登了具有新颖学术见解的研究论文，特别注重《孙子兵法》在当今社会生产经营方面的作用。通过这个组织，《孙子兵法》在马来西亚、新加坡等东南亚国家和地区广泛流传。

四、流传亚洲其他国家

1980年，印度 H·C·卡尔中校出版英文本《印度军史》，书中用《孙子兵法》的观点对1971年爆发的印巴战争进行了分析和总结，认为20世纪70年代初的印巴战争中，印度军队成功运用"以迂为直"的战术，长途奔袭，纵深机动，迂回分割，包围巴基斯坦军队，赢得了战争的胜利，肢解巴基斯坦成功，孟加拉国产生。这从一个侧面反映了《孙子兵法》

印军将领正在讨论作战计划

在印度军队中的传播运用情况。

泰文版《孙子兵法》由天猜·严瓦拉梅翻译，于1977年在泰国曼谷出版，1985年再版，深受泰国各界欢迎。

缅甸文《孙子兵法》全译本，于1956年由《觉林》杂志出版社出版。译者为钦温貌。

越南文《孙子兵法》译本，由越南施达志译。施达志在《越南学术思想源流与演变》一文中，曾对《孙子兵法》思想要旨进行了阐述。

《孙子兵法》希伯来文译本于1973年在以色列首都耶路撒冷出版，译者和出版者不详。

1992年中国军事出版社出版《孙子校释》一书，书中阿拉伯文《孙子兵法》译本由巴勒斯坦人德·阿布·杰拉德博士校对。

《孙子兵法》在欧洲

由于地理的阻隔和文化的差异，《孙子兵法》西传，迄今也不过二百多年的时间，以传入法国为最早。

1772年，曾经来华传教的法国神父约瑟夫·阿米奥把《孙子兵法》翻译成法文，并在巴黎出版，书名为《孙子的战争艺术——古老战争论述汇编》。由此开创了用西方文字传播《孙子兵法》的先河。从此，《孙子兵法》在法国以及其他欧洲地区逐渐传播开来。直到现在，法国一直保留着这个本子，多次再版，没有再修改过。

应该说，阿米奥的译本是有很大缺陷的，因为他更多的是注解而不是翻译，没有忠实于原文，而是通过自己的理解进行了改造，加进了许多自己的见解，并与孙子的原文搀杂在一起，成为一本不伦不类的翻译著作。但它最大

约瑟夫·阿米奥翻译的法文版《孙子十三篇》，1772年巴黎出版。

1940年6月，
德军占领巴黎。

的贡献是把《孙子兵法》十三篇的战争哲学及其最重要的部分向西方作了介绍，为《孙子兵法》的西传立下了筚路蓝缕之功。

根据有关资料，美国学者格里菲斯认为拿破仑一世可能读过阿米奥的《孙子兵法》法译本。拿破仑当年作为一位军校学员，如果说他不曾读过十年内发行两版曾轰动一时的《孙子兵法》译本，就会很奇怪了。拿破仑在统率法军横扫欧洲时，在战术方面不少体现了孙子的理论，特别在作战行动迅速这一点上，是人们所始料不及的。至于后来有人说拿破仑失败流放到圣赫勒那岛后才见到《孙子兵法》，并由此发出感叹："倘若我早日见到这部兵法，我是不会失败的"，是缺少史料证据的。

不过，法国人虽然较早地接触到《孙子兵法》，但在运用上却存在明显不足。正如格里菲斯分析指出的：法国军事理论未见受孙子多少影响。"只要他们在研究中国文化的勤奋好学精神中稍稍注力于孙子学说，在过去20年中法国军队所遭受的军事崩溃可能就会避免"。

《孙子兵法》在欧洲的第二种文字的译本是在俄国出现的。1860年，俄国人斯列兹涅夫斯基将阿米奥的法文译本转译成俄文，书名是《中国将军孙子对部将的训示》，并且简略地对《孙子兵法》作了评论。他说："孙子能够了解统帅活动的所有的主要的特点，他在作战艺术里能够区分不变的和多变的情况。虽然时间过去了几个世纪，但是，我们认为，他为我们创造的军事原理至今仍然是军事理论的瑰宝。所以，现在如果有一个统帅运用孙子兵法，那么，世界上最天才的统帅也不如他。"近代俄国学者郭泰

俄文版
论文集中所
收《孙子兵
法》论文

纳夫在所著《中国军人魂》一书中说："孙子确实可以算是世界上第一流的军事家。"1943年，前苏联伏罗希洛夫总参军事学院的军事学术历史教研室把英文《孙子兵法》译成俄文，这是第一部俄文全译本。七年之后，苏联科学院东方研究所出版了孔拉德院士的《孙子兵法的翻译与研究》。全书有五个部分，除了前言和译文以外还有注解、注释，以及对原文文字的科学分析，仿佛是一部中国古代军事词典。作者在书中以《孙子的学说》为题，对孙子学说世界观的基础，《孙子兵法》和《易经》的关系、《孙子兵法》出版的历史背景及作者和年代等问题，发表了自己的看法。此书被苏联学术界认为是"对苏联军事历史科学的宝贵贡献"。1955年，苏军Ｅ·Ｎ·西多连科中校把《孙子兵法》原文翻译成俄文译本。这本书有译者的前言，苏联著名军事理论家拉津少将的长篇序论，十三篇译文，各篇还有注释，书末还附录有春秋时代战争概况和孙武简单传记。这个译本在前苏联和东欧都产生了广泛影响。有人说：苏联是真正有所实践孙子学说的欧洲的惟一一个国家。

就欧洲地区来说，英国对《孙子兵法》研究最深，因而影响也最大。《孙子兵法》传到英国的时间是1905年，当时在日本学习语言的英国皇家骑兵团上尉卡尔思罗普将孙子十三篇翻译成英文在东京出版，并带回本国。由于他是按照一本拙劣的日文本《孙子兵法》翻译的，加上作者缺乏良好的汉语修养，因此他的译本存在着很多问题。1910年，英国著名汉学家莱昂内尔·贾尔斯根据中文

英国战略学家利德尔·哈特的军事名著《战略论》

德皇威廉二世

捷克文《孙子兵法》，雅罗斯拉夫·普鲁塞克等译，布拉格我们的军队出版社1949年出版。

204

《孙子兵法》原版直接翻译，出版了全新的英译本，书名为《孙子兵法——世界最古老的军事著作》，这在当时是海外译本中最好的译本，销售情况良好。在第二次世界大战期间，又有三种英译本相继与英国读者见面。英国战略思想家、间接路线提出者利德尔·哈特1929年出版了一部军事名著，1954年重新出版时定名《战略论》，书中摘引了21条军事家的语录，其中1-15条，均引自《孙子兵法》。基于对《孙子兵法》"上兵伐谋""不战而屈人之兵"等思想的研究认识，他主张放弃克劳塞维茨的暴力战略而改用孙子以智谋取胜的新战略。他的"间接路线"理论来源于孙子的"以迂为直"思想。

《孙子兵法》的第一本德文译本于1910年在柏林出版，书名是《战争之书——中国古代军事学家》，翻译者是布鲁诺·纳瓦拉。译者在序言中说："孙子一书，必将为欧洲作者及其科学著述提供参考。"这本书可能印行量不大。值得注意的是，现在有越来越多的德国研究者开始将《孙子兵法》的思想运用于商业和人文科学领域，取得了可喜的成就。

此外，在意大利、希腊、荷兰、比利时、瑞士、波兰、捷克等欧洲国家，《孙子兵法》的传播虽不像在法国、俄国、英国、德国那样长久和广泛，但也有相当的深度和广度。

《孙子兵法》在美洲

《孙子兵法》在美洲地区的流传和影响，主要是在美国。据说美国总统罗斯福非常喜欢读《孙子兵法》，在第二次世界大战中，他常用《孙子兵法》的原理来指导战争实践。他的这一举动，深深影响了美国军界。而美国真正开展对《孙子兵法》的研究则是第二次世界大战以后的事。在《孙子兵法》的军事应用研究方面，美国可称是后来居上。

二战将近结束时及以后，美国军事出版界连续出版发行了贾尔斯的《孙子兵法》的英译本，促进了美国军界对《孙子兵法》的重视和研究。

美国人自己的《孙子兵法》译本出现于1963年，美国退休准将格里菲斯根据清朝学者孙星衍等校勘的《孙子十家会注》，对《孙子兵法》进行逐字逐句的重新翻译，由英国牛津大学出版。这本书弥补了贾尔斯译本的许多不足。格里菲斯在关于《孙子兵法》的作者、版本、成书背景、孙子的战争观等问题上提出了自己的看法。英国著名战略学家利德尔·哈特亲自为之作序时指出："《孙子兵法》是世界上最早的军事名著，其内容之博大，论述之精深，后世无出其右者。与《战争论》相比，孙子的文章讲得更透彻，更深刻，永远给人以新鲜感。"利德尔·哈特对《孙子兵法》未能在两次世界大战时期的西方得以传播深表遗憾："如果《孙子兵法》当时得以传播，《战争论》中掺有孙子思想的成分，从而使人们对其理解不失其偏颇，那么20世纪两次世界大战给人类文明造成的巨大破坏在很大程度上本可以避免。"可惜，"当《孙子兵法》全译本在西方出现时，军事界已完全被信仰克劳塞维茨的极端分子所左右，这位中国圣哲的声音难以引起共鸣。无论是军人还是政治家都没有理会他的警告：'夫兵久而国利者，未有也'"。

格里菲斯的英译本和利德尔·哈特的序文使《孙子兵法》在西方的影响倍增，有力地促进了西方人士尤其是美国军界人士对《孙子兵法》学习与研究的重视。该书当年即被列入联合国教科文组织汇编的《中国代表作翻译丛书》，是近40

塞缪尔·B·格里菲斯1963年重新翻译出版的英文《孙子兵法》，被译为中文，由学苑出版社出版发行。

今天没有一个人对战略的相互关系，应考虑的问题和所受的限制，比他有更深刻地认识。他有大部分观点在我们当前的环境中，仍然具有和当时同样重大的意义。

约翰·柯林斯著名的《大战略》一书（中文本）

越南战场
上的美军伤兵

年来权威的《孙子兵法》英译本，一直被西方知名人士和军事院校所援引、采用。

美国人一开始就把《孙子兵法》的理论研究与当时的军事斗争热点紧密结合，概括来讲，美国先后出现过三次学用热潮。

第一次热潮，源于美国军政各界运用《孙子兵法》对越战失败原因的分析。这次热潮，使美国战略决策层在战略决策方面的研究受益非浅。美国学者柯林斯在《大战略》中对《孙子兵法》作了认真的研究，他发现："今天没有一个人对战略的相互关系、应考虑的问题和所受的限制比他（指孙子）有更深刻的认识。"美国许多政要如尼克松、布热津斯基等也纷纷拜读《孙子兵法》，以指导时局。当时驻越美军司令威斯特摩兰上将在认真研读了《孙子兵法》后认识到："格里菲斯的《孙子兵法》译本促使美国领导人了解越南的革命战争，这是任何其他书籍望尘莫及的。"他们分别引用孙子的观点，总结越战教训，使美国的"孙子热"迅速升温，从而在战略决策层掀起第一次研究《孙子兵法》高潮。

第二次热潮，源于1982年，美军《空地一体战》和《作战纲要》的制订。两份文件中多次直接引用《孙子兵法·作战篇》中"兵贵胜，不贵久"和《计篇》中"攻其无备，出其不意"作为名言警句。这次热潮，使美国作战理论研究界用孙子的思想指导作战，获得明显效果。1986年，美国国防大学校长劳伦斯中将来中国国防大学做"空地一体战"演讲时明确指出，该理论所依据的就是孙子的"奇正之变"和"避实击虚"思想。1991年海湾战争，使美国研究《孙子兵法》的第二次热潮达到了顶点。

第三次热潮，源于2001年"9·11事件"，研究的重点转向了现代信息战领域。"9·11"后，美国五角大楼专门成立"战略信息办公室"，其任务之一就是制造、散布假信息。这表明美国非常重视孙子的"诡道"思想，重视军事欺骗，重视舆论战、心理战。由此可见，美国的"孙子热"，随着时代的发展开始转向高科技信息战研究领域。

不唯如此，《孙子兵法》作为管理理论的先驱还受到了美国经济界的高度关注。著名管理学家乔治在《管理思想史》一书中告诫管理者："你想成为管理人才吗？必须去读《孙子兵法》。"一位当代美国著名的经济学家，把孙子的古代管理思想的精髓融入了他撰著的《企业管理》一书，认为："古代中国人对于管理思想也有辉煌的贡献。其中最为人们所熟知的，是一部写成于公元前五百年的《孙子兵法》。这是有史以来最古老的一部军事著作，然而书中揭示的许多原理，迄今犹属颠扑不破，仍有其应用价值。"

1987年，纽约斯特林出版公司出版了中国人民解放军军事科学院副院长陶汉章将军所著的《孙子兵法概论》英译本。它是以1985年解放军出版社出版的中文原作为蓝本，主要内容是作者根据其战场指挥经验与课堂教学资料，对"十三篇"作出解释和论述。由于中国军内人士的著作译本在国外出版实属罕见，所以两年内销售五万册，被称为80年代美国军事理论畅销书之一。

美国人对《孙子兵法》的研究虽然起步比较晚，但却后来居上，尤其注重实用。20世纪70年代后期至80年代，美国对《孙子兵法》的研究运用已相当普遍深入，其领域从军事一直延伸到政治、经济、外交、文化、体育诸方面，且无论在理论研究还是应用实践上都取得了突出成果。同时美国的"孙子热"还体现在民间，除军方及专门研究机构外，美国民间已有近百个研究《孙子兵法》的学会、协会或俱乐部在频繁活动。有人在"亚马逊"网站上发表评论说："如果人的一生只能读一本书的话，那就应该是《孙子兵法》。"2006年起，美中交流基金会和美国马里兰大学正积极策划召集美国第一届孙子兵法国际学术研讨会。

《孙子兵法》几个较好的英译本，不仅在英国、美国流行，也在其他美洲英语国家得到广泛传播。如在加拿大，1989年，加拿大学者 M·W·卢克·钱和中国学者、南开大学教授陈炳富合著的英文版《孙子兵法与管理》出版

陶汉章将军所著《孙子兵法概论》（中文版）

发行，该书分为《孙子兵法》英文译文和《孙子兵法》管理思想的一般应用两部分。这是一部中外学者共同探讨《孙子兵法》管理思想的英文著作。十几年来，中国孙子兵法研究会已成功举办七届孙子兵法国际研讨会，加拿大学者多次莅会参加学术交流。

让人意想不到的是，《孙子兵法》也成了美洲一些国家黑帮的天书。除巴西最大黑帮"首都第一司令部"头目随身携带这本兵书外，横行美国40年的"雅利安兄弟会"成员也熟读《孙子兵法》，而且自设密码通讯，目标是成为"最棒的犯罪集团"。

西方的反思

从《孙子兵法》西传至第二次世界大战前，由于西方的高级决策者为欧洲传统的战争理念所致，偏重使用武力和注重军事技术，加之东西方文字的差别以及西方对于东方的歧视等原因，《孙子兵法》对西方高级军事决策者的影响很小。但从第二次世界大战后，由于战争在很大程度上改变了世界的面貌，科学技术的飞速发展，核武器、导弹、喷气式作战飞机等新式武器的出现，极大地改变了传统的作战形式和规则，也在某种程度上改变了人们固有的思维模式。在新的情况下，西方传统的军事理论，已经不能适应日新月异变化着的世界。因此，西方的军事和战略学家开始重新审视世界，力求用一种新的理论来构筑一种全新的战略模式，从而掀起了一股反思的热潮。这种反思热潮很大程度上是从学习、解读、应用《孙子兵法》开始的。这时《孙子兵法》与西方的军事思想开始融合，西方的高级决策者们开始运用孙子的思想对其军事理论和战争行为与战略方针进行深刻的反思，从而产生了新的战略思想。

《孙子兵法》尤其对美国军事战略调整产生重大影响。综观美国战略的演变，从18世纪70年代立国到20世纪初130多年里，基本上是沿袭欧洲传统的军事理论，其战略指导思想主要是避免卷入欧洲列强的争斗，利用海洋的天然屏障和周边无强敌的有利地缘环境，致力于在北美洲进行领土扩张，扩大版图。第二次世界大战后，美国以超级大国的姿态出

现在国际舞台上。为追求世界霸权，历届政府愈来愈重视军事战略，在新战略修订与形

成过程中，更加注重建立新理论和运用谋略。期间发生的朝鲜战争和越南战争，在某种意义上，可以说是以孙子为代表的以谋略取胜的东方战争理论和西方以力取胜的军事理论的较量。较量的结果明显地分出了两种理论的高下，也使得美国人开始重新审视2500年前，孙子这位伟大的战略哲人所散发出的新的光辉。20世纪60年代以后，随着《孙子兵法》在美国的广泛流传，孙子军事思想对美国军事战略的影响也越来越大。

美国海军准将格里菲斯，1945年曾以海军陆战队联络官的身份来到中国。在中国服役期间，他获得一本名叫《游击战》的小册子，就把它翻译成英文，以《毛泽东论游击战》的书名出版。格里菲斯认为，毛泽东的战略深受孙子的影响，他希望美国武装部队通过研究本世纪游击战的鼻祖毛泽东的战略，制定一个对付游击战的正确方针。但这种想法在50年代没有被美国军政当局重视。

1961年，美国卷入越南战争，越南人用"游击战术"打得美国人束手无策。美国人打赢了每一场战役，但是输掉了整个战争。在国际国内一片谴责声中，美国军政界领导人不得不对这场战争进行反思。据说，驻越美军总司令威斯特摩兰离任后，偶然看到《孙子兵法》，就对里面所表现出的战争智慧心悦诚服，其中的"兵贵胜，不贵久"的原则对他启迪颇深，他由强硬的主战派变成主和派，到处宣传孙子的"兵久而国利者，未之有也"，力主尽快从越南撤军。

1962年5月，格里菲斯在海军军事学院作了题为"亚洲共产党革命游击战"的演讲。他认为，《孙子兵法》是毛泽东军事思想的基础，而毛泽东军事思想则是"游击战略"的基础。解铃还需系铃人，只有阅读《孙

> # 《孙子兵法》是毛泽东战略理论和中国军队战术理论的源泉。
>
> [美]格里菲思 《孙子——第一位军事哲学家》

子兵法》，才能解决越南问题。他的这种努力很快引起巨大反响。

1969年，尼克松出任总统后，果断地从越南脱身，以全力对付苏联。越南战争结束以后，美国各界继续总结这场局部战争失败的教训。约翰·柯林斯在《大战略》一书中说："孙子说'上兵伐谋'。在越南战争的情况下，'谋'即指革命战略。美国忽视了孙子的这一英明忠告，愚蠢地投入了战斗。美国过高估计了我方的能力，过低估计了敌人的能力。我们热衷于使用武装力量，付出的代价越来越高，结果很快产生了一个不起决定性作用的目标：战场上的军事胜利，而局面完全失去控制。" 这是从大战略层面对这场战争做出的击中美国战略决策失误要害的分析。

尼克松在1980年出版的《真正的战争》一书中也说，美国在越战中犯了战略错误，热衷于军事升级以致泥足深陷，而美国公众舆论是决不会支持一场远方的毫无进展的持久战的。1986年，尼克松按照孙子的观点总结战争的教训，指出，正如2500年前中国战略家孙子所说："夫兵久而国利者，未有也。""故兵贵胜，不贵久。"美国在越南战争中胜利无望正是应验了孙子的话。

1983年，对《孙子兵法》情有独钟的著名作家詹姆斯·克拉维尔采用贾尔斯版本又翻译出版了《孙子兵法》的英、德、西班牙文普及本。该译本虽然学术意义不大，但通俗性强，因而在西方流传很广。克拉维尔在出版序言中对《孙子兵法》做了很高的评价："2500年前，孙子写下了这部在中国历史上奇绝非凡的著作。我从内心里感到，如果我们的近代军政领导人研究过这部天才的著作，越南战争就不会是那种打法；朝鲜战争就不会失败（当时我们没打胜就算是失败）；猪湾登陆就不会发生；

伊朗人质问题上的丢脸事件不会出现；大英帝国也不会解体；很可能第一次和第二次世界大战可以避免——至少可以肯定不会那样进行作战。我希望《孙子兵法》成为自由世界里所有的现役官兵，所有的政治家和政府工作人员，所有的高中和大学学生的必读材料。如果我成为总司令、总统或总理，我还要前进一步：我要用法律的形式规定下来，对全体军官，特别是全体将军，每年进行两次《孙子兵法》十三篇的考试，一次口试和一次笔试，及格分数是95分。任何一位将军如果考不及格，立即自动免职，并不许上诉，其他军官一律降级使用。我强烈地认为，《孙子兵法》对我们的生存至关重要，它能提供我们所需要的保护，看着我们的孩子和平茁壮地成长。"1989年，克拉维尔参加了在山东惠民召开的首届孙子兵法国际研讨会，他专题谈了孙子的要旨是"止战"和"和平"，并且盛赞2500年前的《孙子兵法》直到今天仍然闪耀着光辉。

1984年4月24日的《新闻时报》发表塞克斯顿的文章：《古老的原理帮助中国在对外关系上获胜》。作者说美国总统里根的中国之行，是中国人"用《孙子兵法》来摆布美国"，是运用"不战而屈人之兵"原则所赢得的胜利。他还引用孙子"不尽于智用兵之害者，则不能尽知用兵之利"的话，来批评里根的中东和中美洲政策。

美国和整个西方为总结越南战争失败教训而掀起的"孙子热"，当然是要古为今用。他们认为，未来战争的主要形式就是局部战争，要使得西方不至于仍像朝鲜、越南战场上那样陷于尴尬境地，必须在军事理论

西方学者参加中国第六届孙子兵法国际研讨会，并推出了一批力作，提出了兵学方面许多新的观点。

上来一个大转变。纵观美国军事战略的演变过程，可以看出受《孙子兵法》的影响越来越大。20世纪60年代初，肯尼迪的"灵活反应战略"出台时，正值格里菲斯的《孙子兵法》译本在美国流传之际，所以可以看出孙子"不战而屈人之兵"思想的影子。60年代末，尼克松政府借鉴孙子的战略思想，以"现实威慑战略"取代了"灵活反应战略"。1978年，美国著名"脑库"斯坦福研究所研究中心主任福斯特和日本京都产业大学教授三好修依据《孙子兵法·谋攻篇》的"上兵伐谋"思想向美国国防部及国务院提出了旨在改变美苏均势的新战略思想，时称"孙子的核战略"，其实质是保持强大的核威慑力量，使对方不敢贸然动武，以实现"不战而胜"的理想境界。1982年，里根政府在修订对苏核战略方针时，就采纳了这一理论。21世纪初，小布什政府抛出的"先发制人"战略，是建立在"震慑"理论基础上的。"震慑"理论认为，以最小的代价和最少的时间实现战略战术目标是军事谋略的最高境界。这一思想可以说完全是以孙子的"全胜"思想为理论基础的。孙子的"不战"观，对美国的战略产生了巨大而深远的影响。

可以看出，二战之后的美国，在对《孙子兵法》的研究、学习、运用上是不遗余力的。美国人把这些研究成果运用于实践。比如在1983年10月的加勒比海战中，美军运用"声东击西"的战术，仅用10天就取得了胜利。1991年的海湾战争，美国运用孙子"先胜而后求战"和"伐谋""伐交"的战略，在战前就使自己在实力和道义上压倒了敌人。在具体的战术上，又运用"声东击西""奇""正"相生、"避实击虚"等战胜了敌人。1999年，以美国为首的北约以"以镒称铢"的力量绝对优势发动科索沃战争，打败了南联盟。但同时也应该看到，由于固有的大国思想作怪，由于价值观念和思维模式的不同，美国人在对过去的反思和新战略的调整上还存在着很多的问题，如美国在阿富汗和伊拉克的反恐战争久拖未决就

海尔美国公司总裁兼首席运营官戴维·派克斯展示海尔总部送给他的特殊礼物——《孙子兵法》，派克斯说《孙子兵法》让他受益匪浅。

犯了孙子"兵久而国利者，未有也"的大忌。在反思过去、展望未来上，美国人还有很长的路要走。

军校教材

1961年，英国"二战"名将蒙哥马利元帅应邀来华访问，在与毛泽东会见时，建议把《孙子兵法》作为世界各国军事学院的必修教材，这一看法深得毛泽东赏识。

毛泽东会见蒙哥马利

实际上早在1921年美国陆军军事学院就将《孙子兵法》列入1921—1922年度讲课内容，授课提纲现存宾夕法尼亚卡莱尔美国陆军军事学院图书馆。1983年，该校又编辑出版《军事战略》一书，作为供军事院校用的一本重要参考教材。该书的第二章为《孙子兵法》摘要，标题是《军事战略的转变——孙子的智慧》，分十项精选出孙子十三篇中的8小节。分别是：1.兵法的"善之善者"，出自《谋攻篇》；2.用兵者的"善之善者"，出自《形篇》；3.用兵之法，出自《谋攻篇》；4.论战备，出自《九变篇》；5.诡道，出自《计篇》；6.进攻方法，出自《势篇》；7.论动机，出自《军争篇》；8.论长久作战，出自《作战篇》；9.将有五危，出自《九变篇》；10.论大公无私，出自《地形篇》。

现在《孙子兵法》已经被越来越多的国外军事院校当作教材。在美国著名大学中，凡教授战略学、军事学课程的，无不把《孙

美国将军的摇篮——西点军校

《孙子兵法》是西点军校军官的必修课程，图为西点军校的毕业典礼。

214

子兵法》作为必修课。孙子的著作是美国军人特别是军官的必读书之一。美军各军种基本上每年都要向军官们推荐读书书目，《孙子兵法》几乎总是作为必读书列入其中。在美国国防大学、西点军校、海空军指挥学院和陆军军事学院的有关课程设置中，指定参考书目里也都无例外地包括《孙子兵法》。美军的最高学府——国防大学还将《孙子兵法》列为将军的主修课，位于克劳塞维茨的《战争论》之前。美国《孙子和现代战争》一书的作者马克·麦克尼利说："《孙子兵法》是美国高级军校的必修书目，它甚至已被贯穿在美国陆军和海军陆战队的作战指导思想之中。"

《孙子兵法》成为美国军校学员的必修课是从20世纪70年代末开始的。著名的西点军校直到1946年才收到第一本《孙子兵法》作为该校图书馆的藏书。自西点军校将《孙子兵法》列为教学参考书开始，《孙子兵法》在美国军事院校以及一些著名的大学中渐成普及之势。美国西点陆军学校、安纳波利斯海军学院、科罗拉多空军学院、国防指挥参谋学院等著名军校，均将《孙子兵法》列为学员的必读教材和必修课。美国国防大学中的国家战争学院、空军大学的空军战争学院、海军学院、海军陆战队战争学院等军事院校，不仅将《孙子兵法》列为必修课，而且还作为核心课程。美国武装部队参谋学院第一号出版物《美军联合参谋军官指南》，将《孙子兵法》列为经典军事文献阅读书目。美军将领们的文章也经常引用《孙子兵法》中的观点和语句，并引以为荣。2005年7月，西点军校师生4人考察参观了临沂银雀山竹简汉墓博物馆，并且一致表示能到孙子故乡山东旅游，收获很大。

1982年版美国陆军野战条令《作战纲要》在书目表中列有《孙子兵法》，与克劳塞维茨的《战争论》、利德尔·哈特的《战略论——间接路线》、萨史森元帅的《军事艺术的梦想》、阿当·迪皮克的《古今作战研究》并列。1989年，美国海军陆战司令艾弗瑞·格雷上将决定把《孙子兵法》作为陆战队军官必读书的第一本。格雷在训令中指出："孙子的作战思想在今天同2500年前一样适用，是当今实施运动战的基础。"此前，美军其他军种的首脑也发出过类似的训令。美军还专门把大量的孙子名言辑录起来，供各级军官和军校学生阅读。

1888年，俄军总参谋部就开始撰文介绍《孙子兵法》。二战中，根据伏罗希洛夫学院的建议，苏联将《孙子兵法》翻译成俄文，作为军事史教学与研究的重要内容。

英国的皇家指挥学院，把《孙子兵法》列为战略学和军事理论的第一本必读书。另外，英国警察局墙壁上，贴着许多《孙子兵法》警句，警察当局还督促警员认真学习。

第二次世界大战后，《孙子兵法》在日本海上自卫队干部学校和防卫大学重新受到重视。原日本帝国海军学院的德永荣海将军著有《孙子书中的真理》一书。在日本海上自卫队干部学校，《孙子兵法》是必读书籍。

另外，《孙子兵法》也进入罗马尼亚的军事科学领域，成了军事高等学院、布加勒斯特军事科学院必修课程等等。

可以说古老的《孙子兵法》，从来没有像今天这样，以它独特的战略思维和价值，在世界上放出灿烂夺目的异彩。

俄文版《孙子兵法》。

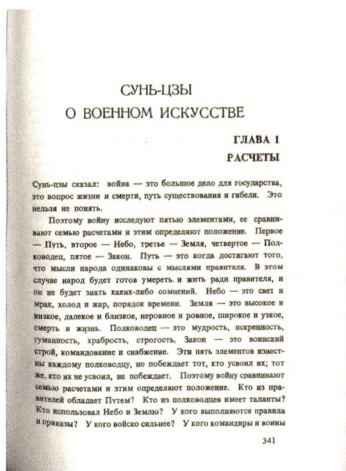

孙子的"核战略"

1945年8月，美国把刚刚实验成功的两颗原子弹投在了日本的广岛和长崎，标志着人类核时代的到来。战后，以美国为代表的西方国家曾凭借其绝对的核优势，把"大规模报复"和"相互确保摧毁"作为战略

216

1945年7月16日，世界第一颗原子弹在美国新墨西哥州阿拉莫斯的沙漠地区成功爆炸，其威力相当于2万吨TNT炸药。

原则和战略目的。在这种思想的指导下，美国的军事战略曾把打击城市放在首位。但随着更多的国家拥有了核武器，使得越来越多的有识之士认识到，核武器的巨大毁伤效应，使其成为一柄双刃剑，一旦爆发核战争，就不会有赢家。70年代后，美国的有识之士抨击了美国的战略指导思想有悖于《孙子兵法》教诲，并认为只有根据《孙子兵法》的战略原则，修改美国现行的这种"无的放矢""两败俱伤"的"攻城"战略，才能在美苏对抗中取得优势，争取主动。

1945年8月6日，这架B-29战略轰炸机将"小男孩"原子弹投到广岛。

日本广岛遭受原子弹袭击后残留的建筑物

面对着这种形势，以美国为首的西方国家采用孙子"不战而屈人之兵"的"全胜"思想，逐渐调整自己的核战略，以达到威胁、遏制的目的，这就是"伐谋""伐交"的"孙子的核战略"。

英国战略理论家利德尔·哈特在为格里菲斯的英译本《孙子兵法》所作

序言中提出："在导致人类自相残杀、灭绝人性的核武器研制成功后，就更需要重新而且更加完整地翻译《孙子》这本书了。"他率先倡议，将孙子"不战而屈人之兵"的光辉思想运用到现代核战略中来，说"最完美的战略，也就是那种不必经过严重战斗而能达到的战略——所谓不战而屈人之兵，善之善者也。"他认为，只有《孙子兵法》才能挽救美国战略体系的"崩溃性危机"。

孙子的核战略

刘春志设计的孙子的核战略示意图。图的左上角部分为中国春秋城防示意图。右下角为莫斯科城防示意图。

里根时代美国"星球大战"计划设想图

　　但是，真正从理论上对"孙子的核战略"加以建树的，还是美国人福斯特和日本人三好修。

　　美国研究中心斯坦福研究所主任福斯特首先提出，并和日本京都产业大学教授三好修合作研究运用《孙子兵法》的对苏新战略，三好修称之为"孙子的核战略"。三好修在其撰写的论文和著作中透露了这一新战略的内容。福斯特在《确保生存》一文中主张，美国应该以确保"生存"和"安全"作为战略指导思想，明确"什么是关系到我们生死存亡的国家利益"，而以"苏联帝国的解体作为西方盟国的战略目的"。三好修说，美国的"确保摧毁"战略把打击城市放在首位，而苏联所有大城市的人口仅占总人口数的8.5%，即使全部伤亡，只要它还具有军事能力，仍然会给美国以致命反击。在孙子看来，这是一种最低劣、万不得已才可采取的战略。所以美国的旧战略应该克服缺陷，向新战略演变。他们主张西方应从"纯暴力"的桎梏中解脱出来，超越军事领域，把同苏联的对抗手段扩展到政治、经济、外交、文化等领域，争取不战而胜。三好修在其著作中反复引用孙子《谋攻篇》中"不战而屈人之兵，善之善者也"，"故上兵伐谋，其次伐交，其次伐兵，其下攻城"，"必以全争于天下"。他

218

美国多光增热成
像军用侦察卫星

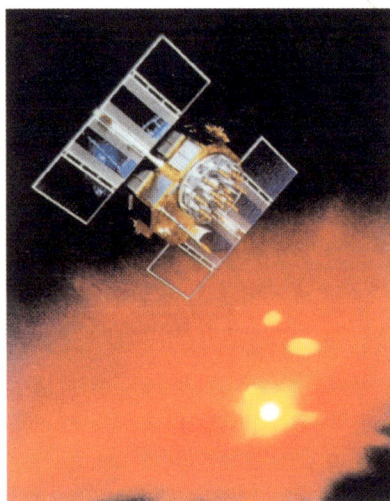

美国GPS全球定位
军用导航卫星

认为孙子的这些军事观点非常深奥，触及了核战争的实质，具有现实意义。核战争会给人类造成巨大的灾难，理应尽力避免。眼下最理想的战略，还是孙子提出的观点，不战而克敌，不付代价取天下。

另外，布热津斯基在《运筹帷幄》一书中，也主张以"上兵伐谋""不战而屈人之兵"作为美国对苏战略的总方针，向苏联展开一场长期的但又高效益的军事竞赛角逐。

在这种思想的指导下，美国于1982年重新修订了对苏的军事战略，由"相互确保摧毁"而变成了"相互确保生存"。1983年3月23日，美国总统里根发表电视讲话，正式放弃近20多年来的"确保摧毁战略"，而实行"战略防御计划"（即"星球大战计划"）。也就是实施建立空间弹道导弹防御系统，空间武器成为战略武器的重要组成部分，"降低核力量的水平"。"星球大战"计划从根本上改变了传统上主要以核打击为特色、以破坏人类文明为赌注的战略观，实质是发展攻守兼备的多层次的战略系统，在"相互确保生存"的前提下，以便起到"不战而胜"的威慑作用。

这项战略建立在高科技基础上，发展远程动能的空间武器，可以超越地球，在外层空间攻击和摧毁洲际导弹，时间要跨越到下个世纪，因此被称为"21世纪兵法"。这项战略体现了孙子"不战"的全胜思想，因此又被称作"孙子的核战略"。

美国前总统尼克松对孙子的军事思想极其推崇。他在个人著作《真正的战争》中，多次引用《孙子兵法》的观点研究分析战争谋略。1988年，他出版了《1999——不战而胜》一书，干脆借用孙子"不战而屈人之兵"的名言作为书名。他以孙子的谋略原则作为全书总纲，十分推崇"凡战者，以正合，以奇胜"这句话。尼克松指出，当今美国务必首先"以正合"，即以自己的军事力量和西方联盟的联合力量，来对付苏联的军事力量，以防止自己失败和遏制苏联的推进。第二步"以奇胜"，是采用许多方面更复杂、更微妙和紧迫的措施，以达到"不战而胜"的目的。在这方面，尼克松十分强调精神因素的重要，认为信仰、理想、价值观所塑造的民族形象"比人均国民生产总值这个统计数字更重要"。因为"最终对历史起决定作用的是思想，而不是武器"。

尼克松的《1999——不战而胜》对美国战略理论的演变起了重要的导向作用，它通过对《孙子兵法》观点的阐发，为美国80年代奉行"孙子的核战略"作了理论准备，这本书也成为一代名著。

尼克松著作《真正的战争》封面

美国总统布什进一步运用孙子的"不战"观点，对苏联推行"超越遏制战略"。也就是超越军事领域，把竞争和进攻深入到政治、经济、外交、文化、意识形态、宗教信仰、社会制度等各个层面。结果从外部推动了苏联的解体，成效显著，基本实现了原定"不战而胜"的战略目标。

孙子的战略观之所以能

美国威慑战略指导下的"和平卫士"导弹

与现代核战争合上节拍，被罩上一圈耀眼的光环，是因为《孙子兵法》表现出来的古今通用的战略原则。

核战略的原则是"威慑"，是"不战而屈人之兵"。"威慑"是手段，"屈人之兵"是目的，而两者都必须要以强大综合国力为后盾。

孙子说："胜兵若以镒称铢"，自己的力量要有绝对优势。同时还要有使用力量的决心，"使人备己"，"为敌之司命"，一旦行动，就会给对方带来无法承受的后果。这样的威慑才具有真实可信性，才能"不战而屈人之兵"，最终达到"全胜"的目的。

海湾战争中的"中国人"

1991年海湾战争期间 ，美国《洛杉矶时报》（2月18日）上有一篇报道称：1990年8月起，一本90页的英译《孙子兵法》已经运往沙特阿拉伯沙漠，供应年轻的陆战队队员阅读。报道还说，陆战队指挥官凯利将军已于当年将这本书列为年度读物，即每个陆战队队员都应该阅读。一位幽默的美国记者还从战云密布的海湾战场发回消息说："尽管中国在这里没有派驻一兵一卒，但有一个神秘的中国人却亲临前线，操纵着作战行动，他就是2500多年前的孙子。"实际上，海湾战争期间，美军所实施的军事行动计划，其成功之处在很大程度上与孙子的谋略思想有着联系，即胜利的因素闪烁着孙子思想的光芒。

1990年8月，伊拉克吞并科威特，破坏了海湾地区固有的、微妙的力量平衡，使西方世界特别是美国的能源命脉系于一发。为了保护自己的全球战略和在中东的巨大利益，美国只能放马一战，发动了海湾战争。海湾战争中，美国人充分贯彻了孙子"致人而不致于人""先胜而后求战""知彼知己，百战不殆""诡道""奇正"等思想，取得了巨大的成功。

联合国安理会
讨论伊拉克问题

首先，在战前的准备上，美国充分利用军事、政治、外交、经济等手段，给伊拉克造成了强大的压力。海湾危机出现后，美国首先向海湾地区运送重兵，加上盟军，总兵力达到73万。在武器装备的数量上，

伊拉克战争中巴格达街头的美军巡逻士兵

主战坦克4000辆，装甲车3000辆，作战飞机2000架，包括10艘航母在内的军舰250艘，对伊拉克形成"以镒称铢"的绝对优势。为使几十万大军能适应沙漠作战的特殊环境，美军多次组织多种类型和规模的演习，体现了孙子的"慎战"原则。伊拉克入侵科威特刚刚3天，美国就在中东部署了600多架飞机，一周内就有3艘航空母舰开赴海湾，以对对方威胁恫吓，先声夺人。接着美国半数以上的海军作战舰艇，70%的海军陆战队，2/3的陆军重装备部队集结海湾，总兵力达53万人。美军的"沙漠盾牌"行动开始后，为了显示美军威力，他们连续进行了5次大规模登陆和防空作战演习，造成先声夺人之势。美国在很大程度上做到了孙子所说的"无恃其不来，恃吾有以待也"。

孙子说："上兵伐谋，其次伐交"。美国抓住伊拉克入侵科威特的不义之举，大造舆论，从政治上、外交上寻求国际支持，与英、法、日、德、苏等大国协调一致；又以"解放"科威特的口号分化瓦解阿拉伯联盟，把埃及、叙利亚、沙特等8个中东国家拉入反伊阵营。接着促使联合国作出"678"号决议，规定了伊拉克从科威特撤军的最后期限，并授权其成员国可以使用武力，对伊拉克施加压力。这样就使自己成为"替天行道"的正义之师，孤立了萨达姆，使伊拉克成为众矢之的。

"知彼知己，百战不殆"是战争的基本规律。海湾战争既是一场军事对抗，也是一场高科技的电子战。"上智为间"，美国有24颗侦察卫星、7颗间谍卫星在海湾上空，形成一个照像侦察、雷达成像侦察和电子侦察的交叉网络。在战争爆发前，美军已对伊拉克的一切情况了如指掌，对

每一个预定的攻击目标都核实无误。相反，伊拉克既无侦察卫星，又无先进的侦测装备，只能依靠西方新闻媒介来获取情况，这正好被美国利用来散布假情报以迷惑它。开战前24小时，美国开始对伊拉克的军事通讯和防空雷达系统进行连续全面的电子干扰，破坏了其知觉能力。这就从根本上导致了伊拉克的开战失利，最终惨败。

1991年1月17日凌晨2时30分，美军Ｆ—117A隐形轰炸机的激光制导炸弹准确击中伊拉克的通讯大楼，揭开了海湾战争的序幕。此后，伊军75%的地面指挥系统被摧毁，26个地面指挥机构遭到严重破坏，从而使伊军通讯联络中断，指挥系统瘫痪，造成了伊军战斗机不能升空，导弹频频被拦截，美军夺得了制空权，这都是美军"用间"的结果。在连续38天的空中轰炸中，美军共出动3500架飞机，飞行11万架次，投弹20万吨，摧毁了伊拉克绝大部分战争设施，使伊拉克丧失抵抗能力，为此后的"沙漠军刀"行动扫除了障碍。这体现了美军"三军可夺气，将军可夺心"的作战原则。

美陆军诸兵种合成部队多年来采取平时按重型或轻型部队编组和训练，战时按任务要求临时编组的做法。但这两种部队在使用上受地形和气象条件的限制。劳伦斯中将认为："如果在合适的地形同时使用这两种部队，重型部队可以作为牵制部队，即孙子所说的'正兵'；而轻型部队可以用作机动部队，即孙子所说的'奇兵'。"美军另一种基本的诸军种合成部队，是地面部队和战术空军的统一使用。在陆空协同作战中，空中力量就是"奇兵"，地面部队就是"正兵"，奇正相互依存，同时并用，有效配合，才能取得出奇制胜的效果。在海湾战争中，美国巧妙运用《孙子兵法》"以正合，以

海湾战争中
美军开进

海湾战争
中美军战机

奇胜"的思想，合理部署兵力，在地面进攻作战中确实收到了出奇制胜的效果。

海湾战争中的美军"左勾拳"军事行动

海湾战争中，多国部队采取一系列有效的欺骗措施，在空战的开始时间和地面作战的主攻方向上都制造了极大的隐秘性和突然性。空袭开始之前，美空军每周都出动大批飞机和加油机在空中频繁活动，使伊军对此现象逐渐习以为常。当多国部队空军真的扑入伊拉克空域实施大规模空中攻击时，伊军发现但为时已晚。在发动对伊拉克的地面进攻时，为麻痹伊军，美国采取了被美参联会主席科林·鲍威尔形象地称为"左勾拳"的军事行动，即孙子的"避实击虚"战术，"强而避之""攻而必取者，攻其所不守也"。美军首先把主攻集团配置在南边的科伊边境，造成美军将要在这里正面进攻的假象。其次，美海军陆战队士兵在波斯湾频频举行大规模登陆演习，摆出一副要从科威特沿海登陆的架势，转移了伊军对其他地区的注意力。然后美军避开伊军防守严密的东面和南面阵线，从西面伊军布防最弱的伊拉克、沙特阿拉伯内陆边界开刀，长驱直入伊拉克纵深，很快完成了对伊军42个师54.5万人的战略合围，切断了他们与后方的联系。由于伊军在其西南部的防守空虚，联军如入无人之境，伊军很快土崩瓦解。另外，在美军第7军和18空降师从科威特以南原集结地向西转移了几百公里后，美军还在原地发送无线电信号，造成美军还在原地的假象。这种"声东击西"的战术正体现了孙子"兵者，诡道也"的原则。

多国部队在持续42天的海湾战争中，前三个空战阶段即占38天，空中优势得到了充分发挥。地面作战阶段100小时，机动部队声东击西、攻其无备、出其不意的运动战，使多国部队最终以极小的代价赢得战争的胜利。美国国防部报告《海湾战争》一书毫不隐晦地说："总之，多国联盟成功地实践了孙子所说的'上兵伐谋'的战略思想。"

因此，在一定意义上说，"中国人"为美军赢得了海湾战争。

再版说明

　　《图说孔子》《图说孙子》《图说管子》《图说孟子》是"中国哲圣人物丛书"的首批推出书目。该系列丛书用"图说"的新形式图文并茂地介绍了中国古代哲圣人物,出版以来深受广大读者的喜爱,并输出了日文版、英文版版权。其中《图说孔子》还获得"山东省优秀图书奖(文学类)""2014年度输出版优秀图书奖"等奖项,并入选首批"中国图书对外推广计划"重点推荐图书。

　　本次再版对全书文字重新进行了校正,对引文进行了严谨核定,修改了一些错误和不够严谨的地方,但难免会有不足之处,恳请读者提出宝贵意见,使这套丛书通过不断打磨,臻于完善。

山东友谊出版社

2016 年 1 月

图书在版编目（CIP）数据

图说孙子／赵海军主编. —2版. —济南：山东友谊出版社，
2016.3

ISBN 978-7-5516-1024-7

Ⅰ. ①图… Ⅱ. ①赵… Ⅲ. ①兵法－中国－春秋时代－通
俗读物 Ⅳ. E892.25-49

中国版本图书馆CIP数据核字（2016）第043516号

顾　　问：吴如嵩
主　　编：赵海军
副主编：孙远方　孙　兵
合　　编：姚振文　韩荣钧
摄　　影：孙　兵　等

主管单位：山东出版传媒股份有限公司
出版发行：山东友谊出版社
地　　址：济南市英雄山路189号　　邮政编码：250002
电　　话：出版管理部（0531）82098756
　　　　　市场营销部（0531）82098035（传真）
印　　刷：山东临沂新华印刷物流集团
版　　次：2016年3月第2版
印　　次：2016年3月第2次印刷
规　　格：168mm×245mm
印　　张：14.5
字　　数：210千字
定　　价：38.00元

（如印装质量有问题，请与出版社出版管理部联系调换）